公务通用能力系列读本

言语表达

孟庆伟 编著

中国人事出版社

图书在版编目(CIP)数据

言语表达/中国人事科学研究院组织编写；孟庆伟编著. -- 北京：中国人事出版社，2020

（公务通用能力系列读本）

ISBN 978-7-5129-1398-1

Ⅰ.①言… Ⅱ.①中…②孟… Ⅲ.①语言表达-基本知识 Ⅳ.①H0

中国版本图书馆 CIP 数据核字（2019）第 098458 号

中国人事出版社出版发行

（北京市惠新东街 1 号　邮政编码：100029）

*

保定市中画美凯印刷有限公司印刷装订　　新华书店经销

880 毫米×1230 毫米　32 开本　8.125 印张　159 千字

2020 年 9 月第 1 版　　2025 年 3 月第 6 次印刷

定价：20.00 元

营销中心电话：400-606-6496

出版社网址：http://www.class.com.cn

版权专有　　　侵权必究

如有印装差错，请与本社联系调换：（010）81211666

我社将与版权执法机关配合，大力打击盗印、销售和使用盗版图书活动，敬请广大读者协助举报，经查实将给予举报者奖励。

举报电话：（010）64954652

前 言

公务即公共事务，是以公共力量推动社会良序发展、维护社会稳定、满足社会成员共同需求的一系列社会活动，具有明显的社会性、公共性、共享性和非营利性。首先，公共事务是在社会成员之间的交往和联系中产生的，随着社会的发展，其内涵和外延得以不断拓展。其次，公共事务涉及公共资源的运用与公共权力的运行，关涉到社会全体成员的共同利益和整体生活质量，是以实现公共利益为目的的。再次，公共事务为社会成员提供公共产品和公共服务，不具有排他性。最后，公共事务不以营利为目的，其宗旨是为社会成员谋福利。因而，对于具体从事公共事务管理工作的人员的素质和能力也有其特定的要求。

党的十九届四中全会提出，要坚持和完善中国特色社会主义制度，推进国家治理体系和治理能力现代化，这对公共事务管理提出了新的要求。公共事务管理水平的高低直接反映了政府的执政能力，体现了社会进步的程度以及人民的获得感、幸福感和满足感。公职人员是从事公共事务管理、提供公共服务的主体。公职人员的素质和能力与政府执政能力、社会管理与

言语表达

公共服务水平紧密相关。党的十九大报告指出："人民美好生活需要日益广泛，不仅对物质文化生活提出了更高要求，而且在民主、法治、公平、正义、安全、环境等方面的要求日益增长。"这为公职人员队伍能力建设指明了方向。因此，加强公职人员能力建设，培养和提升职业素养、专业能力和服务水平，对提升社会公共事业服务水平、推动经济发展和社会全面进步具有重要的现实意义。

公共事务管理涉及公共资源的合理配置、公共项目的实施和社会问题的解决等诸多方面，不仅需要公职人员掌握公共管理的理论知识、法律规章，而且要具备从事其管理工作所需的工作能力。这种能力当然包括在公共事务中不同领域开展工作的专业能力，而通用能力，即无论从事何种工作都要具备的能力，则更具有基础意义。

公务通用能力是公职人员应具备的基本素质和职业技能，是将观念、知识、技能整合性地运用到具体工作情景中，解决各类问题所需要具备的能力。具体来看，公务通用能力主要包含政治鉴别能力、组织协调能力、沟通交流能力、调查研究能力、公文写作能力、危机应对能力等。因此，公务通用能力的提升对从事公共事务管理工作的公职人员来说，具有极其重要的意义。

培养造就一支高素质、专业化的公职人员队伍并不断提高其素质、能力和水平，是全面建成小康社会、全面建设社会主义现代化强国、完善和发展中国特色社会主义进而实现中华民族伟大复兴中国梦的重要举措，而公职人员公务通用能力的培养是提升队伍素质和能力的重要途径。公务通用能力的培养不是一朝一夕的事情，是与公职人员终身学习紧密联系的，需要根据社会经济发展的需求和工作岗位职责的要求不断提升。同时，公务通用能力的提升既强调对基本能力的培养和提升，又强调对个体发展的培养与促进；既强调在工作场所中对公职人员进行培养和指导，又重视引导个体的自主性学习，是一项系统工程。

基于此，本套丛书以公职人员队伍建设的基本精神为依据，以公共管理与相关学科的基本理论为支撑，以公职人员为对象，以提高公职人员通用能力为宗旨，从公文写作、文档处理、调查研究、言语表达、沟通协调、会务组织、安全保密七个方面对公职人员应具备的通用素质和能力进行了阐述，介绍了公职人员需要了解的一些业务常识和工作实务知识及其相应的能力要求，并根据不同职级公职人员的特点进行了进一步细化分析，着力为公职人员素质和能力的提升与工作实务的开展提供有参考价值的读本。

本套丛书由中国人事科学研究院组织编写、余兴安院长担任主编。丛书共分为七个专题：第一专题《公文写作》由侯波、闫建华和常智慧编著；第二专题《文档处理》由夏宏图编著；第三专题《调查研究》由郑佳节编著；第四专题《言语表达》由孟庆伟编著；第五专题《沟通协调》由梁玉萍、丰存斌和刘军仪编著；第六专题《会务组织》由杨桐、赵玲玲和张文杰编著；第七专题《安全保密》由郭联发、廖金萍主编。丛书兼顾了系统性、理论性、知识性、可读性与实用性。一方面，通过

言语表达

复原工作场景,分析工作事项,明确解决问题的关键点,归纳工作方法和技巧,并梳理常见错误用以警醒,利于公职人员尽快掌握岗位基本要求,是一套紧密贴合公务工作要求的实用手册,可作为公职人员能力建设指导用书。另一方面,七个专题坚持以实用性为导向,通过大量事例帮助公职人员解决"做什么、怎么做、做错了怎么办"等问题,可以作为党政机关、人民团体、事业单位及国有企业工作人员的培训教材或学习用书。

目 录

第一章 绪论 … 1
第一节 汉语语言的起源和发展变革 … 1
第二节 汉语语言的主要特点与功能 … 4
第三节 公务人员言语表达的特点及要求 … 8

第二章 公务人员言语表达的分类及应用价值 … 12
第一节 汇报工作的言语表达 … 12
第二节 工作座谈会的言语表达 … 24
第三节 民主生活会的言语表达 … 32
第四节 调查研究的言语表达 … 43
第五节 主题演讲的言语表达 … 62
第六节 竞聘演讲的言语表达 … 83
第七节 新闻发言人的言语表达 … 95
第八节 会议主持人的言语表达 … 112
第九节 接待工作的言语表达 … 122
第十节 突发事件中的言语表达 … 132
第十一节 述职报告的言语表达 … 150
第十二节 电话沟通的言语表达 … 161

言语表达

第三章　言语表达四大通病解析 ……………………………… 167
　第一节　有语无言：说话无思想、无观点 …………………… 168
　第二节　有言无物：说话空洞、无实际内容 ………………… 172
　第三节　有言无趣：说话缺少幽默感和亲近感 ……………… 175
　第四节　有言无韵：说话缺少韵律和艺术 …………………… 179

第四章　提升言语表达能力的七大修炼 ……………………… 183
　第一节　修德：职业与"三观"及职业道德高度一致 ……… 184
　第二节　修言：职业与职业语言风格的完美统一 …………… 190
　第三节　修智：用故事讲理，用表说话，用图表意 ………… 198
　第四节　修慧：提升言语表达的"三觉"境界 ……………… 207
　第五节　修心：情商在言语表达中的融合 …………………… 211
　第六节　修道：思维模式在言语表达中的应用 ……………… 220
　第七节　修身：内外兼修的双重提升 ………………………… 225

第五章　中国语言智库的艺海拾贝 …………………………… 231
　第一节　成语的引用价值 ……………………………………… 231
　第二节　俗语的借用方法 ……………………………………… 237
　第三节　名言警句的摘用技术 ………………………………… 242
　第四节　互联网用语的使用效果 ……………………………… 247

后记 ……………………………………………………………… 250

第一章 绪论

第一节　汉语语言的起源和发展变革

汉语是世界语言的重要组成部分，产生于中国中部，源于周朝，定型于汉朝，最初是汉民族的通用语，后来发展成为中华民族的共同语。汉语是世界上使用人数最多的语言，也是联合国工作语言之一。

一、汉语语言的起源

古汉语（文言文）由口头语发展而来，汉语书面语的起源于在邠（豳）地，由先周语言（陇东方言）作为基础逐渐发展而来。所谓先周，是指周王朝建立之前的时代，它与夏、商并存，历经 1 000 余年。先周语言是先周部族在长期的生活中形成的语言，是广义的关中方言，它的灵魂是陇东方言。西周初期

言语表达

使用的是周族的语言,即先周语言,也就是规范化了的古陇东方言。以后的长安官话、洛阳官话、汴梁官话、临安官话等都是在此基础上发展而来的。由于西周的国都在镐,距离长安(今西安市)很近,即把长安视为周都,后经汉、唐盛世,长安成为闻名世界的古都,故后人一般都以为古长安方言就是古汉语的母体语言,但其实长安方言是流,不是源,真正的源头语言是先周语言,是先周部族长期生活过的陇东地区的方言,因此,先周语言才是古汉语的母体语言,在汉语中居宗主地位。

汉语发展的主要阶段有:口语的形成(各地均有方言)—文字的出现(近于统一)—《诗》《书》的形成(规范化)—语调的扩充(二声调到四声调)—诗词曲的鼎盛(《平水韵》)—官话的兴盛(《中原音韵》)—明清小说(早期白话)—白话文运动—普通话的确立。

以上发展阶段,既与口语有关,又与文字有关,尤其是越到后期,二者的契合越明显。语言的发展离不开活的、不断更新的口语充实,否则就变成了僵死的语言。而口语又需要文字来记载,否则交流就很困难。不可否认,中国疆域广大,存在并使用了众多方言。各地方言的发音虽有较大的差异,但作为传媒的载体——汉字却是共同的。书面语的读音各地都是一致的,这非常有利于交流。

在汉语起源阶段,汉语的词汇从无到有,从少到多,靠的是摹声造词法和摹态造词法。最初的时候,由于词汇较少以及发音能力有限(就像刚学会说话的幼儿一样),汉语的句子都是独词句,句法手段主要是语气。随着人的发音器官的进化和认识能力的提高以及词汇的积累，人们逐渐具备了用两个以上的词组合成多词句的能力和条件，于是汉语中又出现了词序和虚词等句法手段，汉语才逐渐完善起来。

二、汉语语言的发展变革

语言学包含了语言和文字两部分。在语言发展史上，先有口头语言，到了一定阶段，出现了文字，文字又是不断完善的。文字出现之后，又极大地丰富了口头语言，不同地域之间的人可以无障碍地交流，语言也可以流传后世。口头语言的丰富，又进一步促进了文字和书面语言的发展，新字不断地涌现，新词层出不穷，语言的功能更臻完善，人类文明不断跨越新阶段。语言文字的形成过程正是这样螺旋式上升的。

上古时期，周朝分封八百诸侯，而"五方之民，言语不通"（《礼记·王制》）。春秋初期见于记载的诸侯国尚有170余个，战国时期形成"七雄"，"其后诸侯力政，不统于王，……言语异声，文字异形"（《说文解字·叙》）。先秦诸子百家在著作中使用被称为"雅言"的共同语，"子所雅言，诗、书、执礼，皆雅言也"（《论语·述而》）。秦朝建立后，进一步规范了文字，以小篆作为正式官方文字。中古时期汉语使用于南北朝、隋朝、唐朝和宋朝前期（7—10世纪），可以分为《切韵》（601年）涉及的早期以及《广韵》（10世纪）所反映的晚期，瑞典汉学家高本汉把这个阶段称为"古代汉语"。

近代汉语是古代汉语与现代汉语之间以早期白话文献为代表的汉语。现代汉语有标准语（普通话）和方言之分。普通话

言语表达

以北京语音为标准音，以北方话为基础方言，以典范的现代白话文著作为语法规范。

2000年10月31日颁布的《中华人民共和国国家通用语言文字法》确定普通话为国家通用语言。汉语方言通常分为七大方言：官话方言、吴方言、湘方言、赣方言、客家方言、粤方言、闽方言。各方言区内又分布着若干次方言和许多种土语。其中使用人数最多的官话方言分为北京官话、东北官话、冀鲁官话、胶辽官话、中原官话、兰银官话、西南官话、江淮官话八个次方言。1958年2月11日，第一届全国人民代表大会第五次会议批准颁布《汉语拼音方案》。《中华人民共和国国家通用语言文字法》规定，国家通用语言文字以《汉语拼音方案》作为拼写和注音的工具。《汉语拼音方案》也是拼写中国地名、人名和中文文献等的国际标准。2012年12月4日，教育部、国家语言文字工作委员会共同发布了《国家中长期语言文字事业改革和发展规划纲要（2012—2020年）》。

第二节 汉语语言的主要特点与功能

一、汉语语言的特点

1. 汉语属于分析性语言。所谓分析性是指词语形态不发达，主要是靠语序和虚词来表示各种语法意义。相比英语主要靠形态变化来表示各种语法意义，汉语则是分析性发展最充分的语言，词语形态几乎不发生变化。例如，汉语的动词一般既无前缀或后缀，也很少有音变现象，主要靠加助词、语序表示各种语法意义。汉语表示使动意义，几乎没有形态变化，通过使用词汇手段或语义内在的变化来表示。又如，汉语的动词和形容词在形态上无区别性特征。汉语词类形态变化少，自然会伴随词类活用多的特点，所以汉语富有表达力，词类活用的能力很强。

2. 汉语是语义具有超强伸张力的语言。这一特点在成语中表现得淋漓尽致。成语是语言中经过长期使用、锤炼而形成的固定短语，多为四个字，来自古代经典著作、历史故事和人们的口头故事，它是比词的含义更丰富而语法功能又相当于词的语言单位，而且富有深刻的思想内涵，简短精辟、易记易用，并常常附带有感情色彩。由于汉语动词语义具有超强的伸张力，后面能连接丰富的宾语，在使用中能根据宾语的语义转换自身的意义。语义对语法控制能力的大小，在词的诰义多少上有反映。例如，汉语的"老"有10多个义项，年岁大（老人），以前就有（老厂），陈旧（老机器），火候大（煮老了），长久（老没见到他），很（老远），排行末了（老闺女），前缀（老三、老虎）等。汉语语义变化多样，使用时在句法构造中尽量发挥语义多变的表现力，使语义的作用不断扩大。语义的超强伸张力使得某些固定的语序可以松动，而不至于改变意义。如下面的句子可以不加助词或改变词的形式就能改变语序，是许多语言做不到的。

十个人坐一条板凳——一条板凳坐十个人。

言语表达

3. 汉语是特别注重韵律的语言。世界语言普遍都会有韵律特征，但不同语言在韵律的多少、强弱、特点上存在差异。汉语的韵律在词、短语、句子的构造上都有反映，不仅在组成结构上，而且在历时演变上都起作用。例如，汉语的并列结构复合词或短语的词序排列都不是任意的，主要受韵律规则（声调）的制约。例如，天地、牛马、黑白、大小、酸甜苦辣、山清水秀、青红皂白、耳鼻喉等。汉语的四音格词非常丰富，使用频率也是非常高的。决定汉语有丰富的四音格词的因素是多方面的，韵律、双音节化、对称、重叠、类推、词汇化等因素，以及文学语言中讲究格律，是汉藏语四音格词形成和发展的动因。汉语的句子成分搭配，大多讲究韵律，动宾、动补、修饰等结构都有这条规则在起作用。例如，如果动词是单音节的，要求补语也是单音节；如果动词是双音节的，要求补语也是双音节。

4. 汉语发音具有音乐之美。汉语发音响亮，语调铿锵，富于变化。汉语讲究平仄，分阴阳上去，还有轻声、变调。诗词歌赋，平平仄仄，仄仄平平，音韵和谐，富有音乐之美，读起来朗朗上口，听起来和谐悦耳。不同的发音特点可以让同一句话表现出不同的意思。例如，不同地方的重音，强调的重点不同：

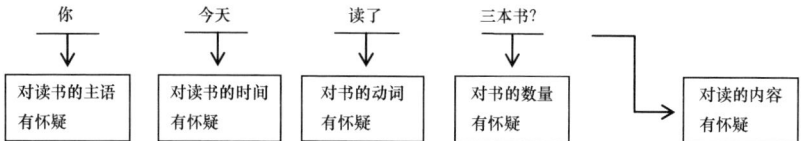

5. 汉语发音科学，思维快。汉语的发音种类是英语的3~7倍。研究表明，普通人发一个声音约需1/4秒，汉语思维速度比

英语快。汉语普通话有21个声母、39个韵母和4个声调,连乘的结果是3 200多个声音。能被利用的是2 500个声音,常用的是1 200个声音。所以,汉语普通话想表达1 200个事物,只需1个声音,耗时1/4秒。英语有20个元音和20个辅音没有声调,所以,英语的声音种类不会超过400个(20×20)。也就是说,如果一个声音对应一个事物,那么,英语的400个声音只能表达400个事物。如果要表达这400个之外的事物,就只能靠声音的重复才行,用2个或2个以上声音表达。可见,英语要表达第401种事物,就需2个声音,耗时1/2秒。

二、汉语语言的功能

1. 信息传递功能。信息传递功能是语言的社会功能中最基本的功能,这一功能体现在语言上就是内容的表达。语言是人类社会信息传递最基本的手段。语言之外的其他信息传递形式,例如,手势、体态等非语言的形式,独自传递的信息有限,多半是辅助语言来传递信息;再如,文字是建立在语言基础之上的再编码形式,旗语则是建立在语言或文字基础之上的再编码形式。

2. 人际互动功能。人际互动功能是语言功能的另一个重要方面,用于建立或保持某种社会关联,称为语言的人际互动功能。互动包括两个方面:一方面是说话者在言语中表达自己的情感、态度、意图;另一方面是这些又对听话者施加了影响,得到相应的语言或行动上的反馈,从而取得某种实际效果。语言是说话者和听话者之间交际互动的工具。

第三节 公务人员言语表达的特点及要求

公务人员在公务活动中正确使用工作语言,对于有效协调各方关系、准确传递信息以及妥善处理各类具体问题发挥着重要作用。同时,公务人员的语言水平也是其职业道德、责任意识、敬业精神和业务能力的集中体现。

一、公务人员言语表达的特点

语言是思维的外壳,言语表达能力可以反映一个人的思维能力、沟通协调能力和处世风格。一个人的基本素质主要是通过言语表达来展示的。公务人员作为党和国家事业的推进者、组织者,肩负一个地方或领域发展的使命和责任。具有较强的言语表达能力,是建设法治型政府、责任型政府、服务型政府的内在要求,是准确、高效地履行公务,确保政令畅通的需要,同时也是个人成长进步的需要。公务人员常出席各种场合的活动,会议讲话、工作部署、即兴发言、工作动员、工作汇报、述(竞)职演说、接待公众、接受采访、上下级谈话、思想交流等都需要通过言语表达来完成。良好的言语表达将促进个人的合作和发展,实现与人的良好沟通,树立良好的政务形象。由此可见,言语表达是公务人员必备的能力。

公务人员言语表达有以下几个共性特点。

第一,严谨性。公务人员言语表达中多体现的是国家的工作方针，组织的工作目的、原则和要求，体现上级的指示精神，表明组织对某些问题的态度、处理意见或主张，因此，公务人员的言语表达往往体现职业特有的严谨和成熟，显示出公务人员的职业特点。油腔滑调的表达往往会影响可信度，对组织形象和个人形象也会产生影响。公务人员言语表达的严谨性具体表现在说话的准确率、说话办事的诚信度、担当作为的责任度、不同场合对待事物和工作态度的严密性。

第二，群众性。公务人员需要经常接触人民群众，为人民服务是公务人员工作的根本宗旨。学会运用群众性、地方性、民族性的语言与群众沟通，为百姓服务，这是公务人员言语表达的基础和为人民服务的基本职业能力。不但要能听得懂群众的方言土语，更要学会其表达和表述的方式，做到言语沟通无障碍，言语表述真实准确。

第三，逻辑性。逻辑性是指在说话的时候将自己想要的表达的各种观点按照一定的主次关系，以及先后顺序表达出来。表达前后一致、概念明确、观点鲜明、主题突出、环环相扣才能做到以理服人。

第四，应变性。工作中经常会遇到一些出乎意料的事情让人措手不及，这就需要我们运用语言机智，灵活应变，瞬间化解危机或不利局面，摆脱尴尬和困境。关键时刻能妙语连珠、巧言应对，可以体现一个人的语言机智。

第五，职业性。公务人员在开展公务活动的过程中，因其工作性质和特点的需要，在语言行为方面不仅要遵守一般公民所应遵循的语言交际规则，而且要符合公务活动语言行为的基

言语表达

本要求，符合公务人员的职业特征，展现自身专业素质。

二、公务人员言语表达的要求

语言能力是公务人员素质的重要组成部分。执行国家公务的工作人员，其工作环境、工作任务和工作性质的特殊性决定了其必须具备较强的语言能力。公务人员的语言能力不但体现了公务人员的职业特性，还体现了新形势下的国家政务形象。从职业性质角度来看，说普通话是对公务人员办公用语的标准化要求。语言是信息的载体，是人们交流思想、传播信息、协调社会生活的重要工具。公务人员标准的语言在日常的公务活动中具有重要的作用。语言不标准，自然就会造成沟通的障碍，影响行政工作的效率。

国家相关法律、法规对公务人员的语言能力有具体要求。我国的语言地位规划的基本情况是，普通话和规范汉字是全国通用的语言文字，各种少数民族语言文字和汉语言文字是少数民族地区通用或使用的语言文字，也可以理解为汉语言文字是国家（包括中央和地方）的通用语言文字，少数民族语言文字是民族地区的区域性通用语言文字。《中华人民共和国宪法》总纲第十九条规定："国家推广全国通用的普通话。"《中华人民共和国国家通用语言文字法》规定："国家推广普通话。国家机关以普通话和规范汉字为公务用语用字。"公务人员在公务活动中应当使用普通话，普通话水平应当达到普通话水平测试三级以上。在民族地区，还要求公务人员具备民汉双语能力。《中华人民共和国民族区域自治法》规定："民族自治地方的自治机关教育和鼓励各民族的干部互相学习语言文字。汉族干部要学习当地少数民族的语言文字,少数民族干部在学习、使用本民族语言文字的同时,也要学习全国通用的普通话和规范汉字。"《国家中长期语言文字事业改革和发展规划纲要(2012—2020年)》确定了"大力推广和普及国家通用语言文字""推进语言文字规范化、标准化、信息化建设"。这些法律法规是公务人员使用汉语的理论基础和法律依据,为公务人员言语表达标准化发展奠定了坚实基础。

随着我国对外开放的不断深化和世界经济一体化的形成,公务人员的言语表达要适应经济全球化的国际交往需要。我们有必要对公务人员的言语表达能力和汉语使用现状进行分析研究。在全球化和世界经济一体化的进程中,民族兴衰与语言问题直接相关。全球化带给人们的一个挑战就是要掌握规范的语言。公务人员的言语表达能力直接关系到国家的安全和经济发展。当前国际化进程加快,意味着公务人员要面向世界,研究公务人员的言语表达能力情况具有重要现实意义。

第二章
公务人员言语表达的分类及应用价值

公务人员的言语表达在不同的职场环境下具有不同的语术和言语表达变化。在环境、任务、群体、工作性质以及自身身份发生变化时，言语的表达也要随之而变，言语风格、说话态度、情感调整都要随之变化，这种变化也可以称为言语的表达能力和表达艺术。对这种变化进行系统分析和深度研究，从应用效果和效率找出应用规律，研发出可复制的模板，一般情况下把这种流程称为：公务人员在不同职场环境下的言语表达能力的应用性分析研究。

第一节 汇报工作的言语表达

一、汇报工作概述

汇报要体现"汇"和"报"的统一。"汇"即将自己掌握的材料和情况归纳整理,把握总体情况,做到条理清晰;"报"即用适当的语言和形式向领导表述出来,做到观点鲜明。汇报即提前综合整理材料,条理清楚地向上级进行明确简练、观点突出的陈述、报告。汇报工作分为口头汇报和书面汇报。汇报工作是公务人员的一项日常工作,其目的是让领导及时掌握情况,做出决策。看似平常的工作,实际上非常重要,因为汇报水平的高低直接关系到能否真实、客观地反映汇报主体的实际工作水平,关系到能否赢得上级领导的认同和支持,关系到汇报人自身的形象和荣誉。因此,向领导汇报工作是公务人员必须重视的言语表达技能。

二、汇报工作的言语表达特点

(一)工作汇报的类型

把握各种汇报的不同特点,才能真正掌握汇报工作的技巧。工作汇报从体裁上可分为四种类型:

1. 综合性汇报。多用于半年或年终工作总结前后。这种工作汇报包括单位全面建设的情况,主要应讲清楚全年或阶段内的工作思路,开展的主要工作,取得的主要成绩,主要的经验做法,以及存在的主要问题和今后的打算等。需要注意的问题是言语的逻辑性要强,表达要准确,分析最好通过数据来体现。

2. 专题性汇报。多用于完成一项工作后,就工作的进展情况和完成情况所做的汇报。这种汇报要求主题明确,内容单一,不涉及其他内容。

3. 随机性汇报。这是指在上级领导到本单位视察期间,在

言语表达

非正式场合随机做的汇报。与专门安排的汇报相比，没有预定的内容，没有限定的时间，没有固定的地点。通常情况下，应汇报上级最为关注的问题和本单位急需上级掌握的情况。

4. 提示性汇报。多用于在座谈会或上级领导实地视察工作期间，想到了某一问题或看到了某一情况，需要进一步了解，要求就某事或某项工作做的汇报。这种汇报要严格按照上级领导所提出的问题，准确详细地说明情况。

按照内容不同，工作汇报也可分为四种类型：

1. 情况汇报。主要包括工作的进展情况、特点、成效、存在的问题等。要求反映清楚工作的过程，主要内容都要讲到，特点要鲜明。

2. 经验汇报。以讲做法或经验为主，不过多地涉及工作情况和工作过程。

3. 问题汇报。即专门就某一问题做的汇报，应着重讲清问题的表现及发展的程度，发生问题的主客观原因，应接受的教训，以及解决问题的措施等。

4. 计划汇报。某项任务下达以后或某项工作展开之前，就完成任务或做好工作的设想或打算，向上级做的汇报。

（二）汇报工作的言语表达特点

一是时效性。对于工作而言，"效率就是生命"。机关工作常常关系到广大人民群众的利益，如果没有及时有效地向领导报告可能会造成严重的后果，所以一定要把时效性摆在第一位。对于需要汇报的工作，要做到尽早请示、及时汇报，在突发紧急情况时，必须第一时间通过各种渠道向领导汇报，让领导及时获取信息，做出指示。

二是条理清晰，急缓分明。领导往往事务繁忙，听取汇报的时间有限，因此，若有一项内容宽泛的工作或有多项工作需同时汇报，就要做到急缓分明、主次分明，有针对性、有侧重点。按工作轻重缓急做好分类，重要的、紧急的工作和内容提前汇报，让领导尽早做出决策，一般重要的、可以缓一缓的放在后面，时间来得及再做决策，做到省事而不误事。

三是归纳准确，简明扼要。面面俱到、事无巨细、平均用墨进行汇报，看起来全面，但没有说深说透，不但让听者费力费时，还得不到启发，留不下印象。

四是深度研究，主动参谋。汇报人不应该只把自己定位为信息的"传递员"，还应该当好决策的"参谋者"。汇报者作为工作的具体承担者，对进一步推进工作尤其是解决工作中存在的问题更有发言权，这也是领导听取汇报时关注的重点内容。因此，在向领导汇报工作前要对汇报内容深入了解，拟好多套备选方案，在汇报过程中结合领导的倾向、意图，不断修正方案。

五是分析精准，实事求是。提供真实、客观、准确的信息数据是向领导汇报工作的基本要求。领导只有全面了解工作开展的真实情况，才能在此基础上做出准确判断，形成合理的决策意见。所以，做到收集资料来源可靠，信息分析有凭有据，汇报内容真实、翔实，不能凭空臆想。

三、汇报工作的言语表达常见问题

一是不明白对方意图。汇报工作时最重要的事情就是要先弄清楚对方具体想知道什么,对方听取汇报的目的在哪里,只有弄明白了这些,才能有的放矢地准备汇报材料。当然,并不是每一次汇报前都能弄清楚对方意图的,要根据在汇报工作时对方的提示语及时调整思路,然后按照对方的要求做好汇报工作。

二是说大话套话。汇报工作时最好就事论事,围绕问题作好回答,切忌在汇报时展开话题,谈一些与主题关联度不大或完全不相关的事情。汇报时有的人喜欢先讲一通大道理,或讲一些"放之四海而皆准"的空话套话和无关痛痒的恭维话,殊不知听汇报的人对这些早已熟悉或不感兴趣。因此,在汇报时就不能再给对方讲这些了,最好直奔主题,将真正应该汇报的工作汇报好。

三是心理素质差。一些不常做汇报工作的人,一与上级见面,就神情紧张,动作失常,甚至吞吞吐吐、语无伦次、诚惶诚恐、腼腆木讷、面红耳赤、噘嘴皱眉、手势夸张、走调失声等,十分影响汇报和听取的质量和效果。汇报者自我调整、克服心理障碍,似乎更为重要。

四是缺乏逻辑。汇报工作时要先厘清思路,最好能列出"一二三四"点,达到条理清楚、文字精练、通俗易懂的目的,切忌没有逻辑性,甚至含混不清,或者出现"终点又回到起点"的现象。

四、汇报工作的言语表达方法

一是语速适中，音量适度。汇报者要吐字清晰、语气和语调温和、声音大小恰当适中，多使用敬语、雅语和谦语。要使听者听清并且领悟你汇报的意思。汇报时，说话的速度不能太快，在一些次要问题上可以讲快些，但在重要问题上，应适当放慢速度，在关键的语句上，还可以重复一遍，以便对方有记录的时间。当然，速度也不能太慢，太慢易使听者分散注意力，甚至产生厌烦感。至于音量，也应重视，音量过高，难免有装腔作势之嫌；音量过低，容易被人认为胆怯、惧怕。这两种极端都会影响汇报的效果。谈成绩时忌趾高气扬，谈缺点时忌闪烁其词，激动时忌粗门大嗓，求证时忌支吾敷衍，辩论时忌争吵冲撞。

二是方向准确，详略得当。向领导汇报工作最关键、最核心的功课就是找准汇报方向，确定汇报主题，实现靶向汇报。如果汇报方向失误，领导想听的没汇报，汇报的不是领导想听的，即使汇报内容再精彩，结果依然很糟糕。汇报工作除了要注意全面、客观以外，还要用事实来说话，用数据来明理，切忌大而化之、模棱两可，说一些诸如"可能是""应该会""大概"之类的话，这样会误导领导，也会给领导留下工作不踏实、作风不严谨的印象。汇报工作言语表达不像书面表达那样考究，但原则上应做到准确、简练。与书面报告相比，汇报工作靠的是汇报人的有声语言，因此对汇报人的讲话水平要求更高，这就要求我们在汇报工作时做到层次清晰、结构合理，便于领导

言语表达

听清弄懂。汇报时应宜"倒",不宜"顺"。领导听取汇报,最关心、最感兴趣的往往是事情的最终结果,先简要地把结果和最新鲜、最有吸引力、最能反映事情本质的部分讲出来,看领导的反应。如果领导有时间或愿意听,我们再把事情的原本情况做详细汇报;如果领导很忙,我们就不要再浪费领导更多的时间。在阐述观点时,切忌空发议论,而应该选择真实典型的事例来举证,做到观点和材料相统一。

三是自然朴实,态度诚恳。语言要自然朴实,力求言简意赅。如果不顾实际,随意堆砌粉饰,就会拖泥带水、烦冗啰唆,使人听了不悦,而且也有碍于思想内容的表达。一般要求做到"三戒三求":戒长求短,戒空求实,戒陈求新。汇报者要多讲新话、少讲套话,多讲口语、少讲文件式语言,让语言的力量像利剑一样直击人心。口头汇报要开门见山、直奔主题,尽量做到一语中的,直接把事情的来龙去脉照直、照实说清楚,为领导决策提供第一手真实可靠的依据,提供原汁原味的有效信息。切忌东拉西扯,开口千言,离题万里,说者不知所云,听者一头雾水。汇报的材料要真实准确,汇报的具体内容要客观、公正、确切,不对材料和事实进行修饰和加工,不拔高成绩、不掩饰过错,对时间、地点、人员、数据等描述准确,对事情的发展过程和例证要交代明白,不讲套话、假话、空话、废话。

> 案例

关于环卫工作开展情况的汇报

××县政府：

　　自县上统一安排部署开展城乡环境卫生整治工作以来，乡委、乡政府高度重视，早动员、早部署，积极开展城乡环境卫生整治行动。经过近一个月时间的集中整治，我乡全部实现环卫城乡一体化管理，达到了生活垃圾"户集—村收—乡转运"及垃圾"不落地、全覆盖、不造成二次污染"的良好状态，现将工作汇报如下：

　　1. 强化领导，着力构建长效机制

　　充分发挥各级职能作用，坚持"政府指导，群众参与，村为主体"的工作格局，成立组织机构，制定实施方案（《××乡环境卫生综合整治实施方案》《××乡开展第24个爱国卫生月活动的实施方案》《××乡成立创卫工作领导小组的通知》《××乡聘任乡、村卫生监督员的通知》），明确整治范围、工作重点、时间进度、责任人员和保障措施，并形成工作台账，严格按照整治标准把环境整治工作落到实处。并实施"一把手"负责制，对驻乡单位、村进行卫生评比，并将其纳入各村年终目标管理考核，与村级收入、评先评优挂钩，并签订目标责任书（17份）。对街道商户，严格实行门前"四包两禁止"，实现了层层有人抓，事事有人管，人人有责任，保证了专项整治各项工作任务的全面落实。

2. 加强宣传，着力营造良好氛围

利用广播、传单、会议等各种有效的宣传方式，广泛开展环境卫生综合整治宣传教育活动，截至目前全乡召开村民会议8次，印发《××县创建省级文明县城卫生县城倡议书》2 500余份，制作横幅15条，印刷宣传标语20条，印发环境卫生知识宣传资料650余份。通过多种形式的宣传让广大村民知晓环境卫生整治的内容和意义，全乡上下呈现出全民动手、全社会参与的良好整治局面，群众对环境卫生综合整治的知晓率和参与率达到100%。

3. 配备人员，抓好队伍建设

为把我乡环境卫生综合整治工作落实到各村、各单位，做到村村整洁无死角，街道整洁又美观。各村都组织低保户或聘请有正义感的群众成立了专门的卫生监督员队伍，并通过对公共地段分片包段和确定相关责任人的方式，使道路及两侧卫生明显好转。乡上从各村、各单位招聘了8名卫生监督员，并组成2~3人的保洁小组，配备1台垃圾清运车，负责清运垃圾点垃圾，做到日产日清。同时让监督员参与各村、各单位的卫生考评工作，并负责督促本村环境卫生工作。截至目前，共评出卫生先进村3个，示范户30户。

4. 加大投入、建设与整治相结合

为了实现从源头上治理环境污染，从根本上改善农村人居环境，组织和动员群众对村组的环境卫生进行清理，且已彻底解决了道路两侧及房前屋后的"三堆"问题。近期在主要村庄及街道、巷道安装太阳能路灯25盏，安装垃圾箱38个，更换破旧广告门牌 28 个，拆除乱搭乱建 6 处，建设垃圾排放场 1 处；截至目前全乡出动人力 2 100 人次，出动车辆 86 次，其中大型机器 6 台次，共清理垃圾 3.8 吨，修复塌陷损毁路面 15 处，平整路面 680 平方米，挑挖清理水渠 4 650 米，清理全乡道路两边杂草 1.6 万平方米。目前全乡用于环境卫生综合整治的投入资金达到 45 万元，其中绿化投资 26 万元，栽植乔木 2 100 株、灌木 48 000 株，全乡绿化覆盖率已达到 41%，绿地率 38%，人均公共绿地面积达到 8 平方米。

5. 加强巡查、督促力度

为建立健全各项管理制度，制定长效管理机制，促进环境卫生城乡一体化、制度化、长效化、科学化，我乡制定完善了管理条例，出台了七项规章制度，把清洁家园环境卫生城乡一体化纳入"村规民约"。实行了定期、不定期督查，一天一考评、一周一通报、一月一总结的工作格局，对任务分工不明确、区域整治不彻底、责任落实不到位的村组，乡政府在一定范围进行通报。

6. 存在的不足

通过近段时间的环境卫生综合整治，我们取得了一定的成绩，但是，从整体上看，宣传工作力度还不够，村与村之间、单位与单位之间工作进展还很不平衡，主要表现在：一是村组环卫人员的职责意识和群众的文明卫生意识还不强。二是机动车辆、非机动车辆还存在着乱停乱放的现象。三是垃圾箱、垃圾池、清运车等环卫设施还不够完善，环卫人员不固定。

7. 下一步工作打算

（1）进一步提高认识，统一思想。面对当前全乡环境卫生整治工作的现状和建设社会主义新农村的现实需要，要重点解决群众组织动员难、"钉子户"处置难、没钱干事难的被动局面，克服"等、靠、要"的消极思想，以强烈的事业心和责任感，积极想方设法解决问题，推进整治活动深入开展。

（2）进一步完善设施，务求实效。要求各村近期在每组公共地段设置1~2个垃圾池；并及时清理临时堆放点的垃圾，为全乡群众营造一个干净、优美、舒适的人居环境。

（3）进一步健全长效机制，不断提高管理水平。在加快环境卫生基础设施建设的同时，在制度建设、长效管理上做文章，譬如在"保洁员管理""建筑材料堆放管理""门前四包"等管理中，积极探索一些好的做法并形成制度固定下来，同时做好广泛宣传工作。加强检查，督促落实，将环境卫生整治工作作为一项常规工作常抓不懈。

五、汇报工作言语表达要把握的要点

1. 要深度研究领导听汇报工作的主要意图、要点及领导要重点听的内容和关注的工作。要做到汇报的内容与领导关心、关注的重点在一个频道上。也就是说，要事先从多个方面了解并掌握要汇报的工作内容在领导的视野及工作平台上占位，要学会并掌握换位思维，从领导的角度和维度组织材料，用基层的情况说明观点，用科学的方法分析比对，用创新思想构建解决问题的方法。

2. 要统筹兼顾，去粗取精，去伪存真。要善于在普遍性中找到规律，在日常工作中看到趋势，发现潜在问题。汇报工作要学会用哲学思维统领，善于做深、做细、做精带有发展性、战略性、全局性的预见工作汇报，说出领导想要又没有依据、想做又没有调研、想推广又没有典型、想研究又没有案例数据的有理、有据、有节、有数的汇报言语，让领导听着兴奋，听着能引发思考，听着能产生联想，听着能坚定信心，听着能引起重视，达到汇报一项工作能带动一方面工作的推进效果。

3. 要学会把汇报工作当成领导的眼睛、耳朵和嘴。一次好的汇报，应该具有以下作用："望远镜"把汇报工作中心内涵拉长、拉远，看到事物将来的发展趋势，帮助领导观察未来；"放大镜"让汇报工作的某一点聚焦放大，看到事物的本质，发现事物的内在规律；"多棱镜"让汇报工作中的一种现象，折射出多元、多视角的问题，帮助领导分析折射出多元的情况，透彻分析一种现象带来的多重反映。

4. 要有准备地做好汇报工作之外的附加工作。一般情况，领导听汇报，思维既专注又发散。要有充分的准备，防止领导询问一个问题的关联数据和情况。要学会把一个问题的前、后、左、右、中以及上、下、内、外的关联想到，准备好，一旦领导关注和问起，我们顺手拿来资料供领导参阅，使汇报工作兜得住、放得开、说得准、谈得透。

5. 汇报工作要注重语气、语调的使用。要在说事时有自信，讲述时有底气，谈办法时有创造力。不要讲一些带有试一下、看一看、可能、大概的模糊概念和模棱两可的语气，做到事可落地，数要精准，案例真实，分析科学。

言语表达

第二节 工作座谈会的言语表达

一、工作座谈会概述

座谈即召集若干人，就某一专题或某几个专题进行讨论，以便收集各种意见和建议，为领导的决策和工作提供参考和依据。座谈的人数可多可少，如可以召开只有三五个人、十来个人的小型座谈会；也可以召开数十人、上百人的大型座谈会。当然，召开大型座谈会可以大中套小，先分别举行若干小型座谈会，然后适当集中召开大型座谈会，听取各种具有一定代表性的意见。座谈会可以分层次、分类别举行。根据需要，可从各个社会层次、各种类别的调查对象中选取若干代表性人物，分别召开座谈会，如青少年座谈会、妇女座谈会、老年座谈会、劳模座谈会等。

由于召开座谈会是为了某一问题或某几个问题，需要广泛听取群众意见和建议，以帮助决策而采取的一种形式和手段，因此，座谈会一般都由领导出面组织，并亲自主持召开。座谈会当然要以"谈"为主，被邀请与会者要谈，领导要听也要谈。"宾主"都要谈，要讲话，通过语言表达意见和心声。领导是座谈会的召集人和主持人，对座谈会的成败负有重要责任，而与会的任何人的发言和交流情况也决定着座谈会的成效。

二、工作座谈会的言语表达特点

座谈会的言语表达主要有以下几个特点：

一是围绕主题，一针见血。座谈会一般是有很多部门或单位参加的会议，听众随着说者的不断更换，注意力会逐渐松懈，会变得有些"审美疲劳"，所以演讲者要尽量简化自我介绍、附和前者、恭维谦虚等言语，让自己的观点在最短的时间内来吸引听众的神经和眼球。座谈时，与会者应该紧紧围绕着主题方向进行座谈，一针见血地提出建议或意见，就问题进行交流和讨论。每次说话，都有说话的中心思想，演讲者必须围绕会议的议题和自己选的问题来阐述自己的观点，这些观点都是为主题服务，或平行推进，或逐步展开。

二是数据真实，内容可信。座谈会的与会者能否敞开心扉讲实话，是座谈会能否成功的又一关键，因此，在座谈中要讲真情讲实话，对成绩不夸大，对问题不回避，言之有理，持之有据，用数据说真话、讲实情，沟通思想，解决问题，达到座谈的目的。

三是语言要简洁，语调有变化。一般来说，座谈会是有一定时间限制的。在有限的时间里，每个与会者都应把自己的意见发表出来，因此，发言要简洁，语言鲜明准确、通俗易懂、言简意赅，不绕弯子、不拖泥带水、不模棱两可，能用短句说的就不用长句，能简单说的就不用复杂的复句。演讲的语调要抑扬顿挫。座谈会发言好比是在唱一首歌，动听的旋律、美妙的歌喉会给人以美的享受或灵魂的震撼，优秀的发言者是特别注意自己的语言轻重缓急、声调的抑扬顿挫的，语调随着内容的推进，做到高低起伏，迂回前行，不张扬却又自然地表述自己的观点。

四是有思想性，引导思维互动。发言者一定要懂得听众需要什么，当前是什么心理状态，只有把握了听众的"胃口"，发言才能够引起听众的共鸣，获得好的效果。一般座谈会是一个人说，大多数人在听，说者要巧妙地用自己的观点或动作来引导与会者进行思维互动，如引用在座的重要领导确实讲得好的话，用"权威"来引导听众的思维，又如随着内容变化用喜悦、愤怒、叹息等表情来和听众互动，再如用自己的肢体动作来引导别人的思维进行互动等，引导众人思考，切忌停留在一般性、表面性问题上，或者出现跑题、偏题、肤浅等问题，让与会者听完后没有任何印象，或者听不出说话者的中心思想。

三、工作座谈会的言语表达常见问题

一是说大话、空话、官话。大话、空话、官话，说到底，都是不实事求是、不解决问题的废话。公务人员在座谈中如果说大话、空话、官话，必定使自己脱离群众，助长官僚主义，难以做好工作。

二是发言浅平，言不达意。在座谈中，公务人员对座谈会的主题内容表达时，观点不明确，遇到问题绕着走，躲躲闪闪。在言语表达中，模棱两可，含糊其词。针对所提的问题只是停留在了表面，没有深入分析和研究，常用"说不清""不好说""大概""也许""可能"等词语，绕弯子绕了半天，不接触实

质问题。

三是偏题、跑题。文章有主题，座谈也有议题，有一个中心。写文章有"切题"的讲究，座谈也有围绕议题来进行的要求。在座谈中的言语表达，应是有为而发，具有鲜明的针对性、诱导性，启发大家围绕中心探讨问题。切忌把话说散了，东拉西扯，言不对题，甚至把座谈会搞成了像茶馆一样的"神仙会"，古今中外，海阔天空，传闻轶事，道听途说，全部扯进来，却把主要议题丢在一边。

四、工作座谈会的言语表达方法

1. 说话要真实可信。讲真话、讲实话是座谈时言语表达的又一基本要求。面对面座谈的时候，公务人员应把它看作一次反映心声的机会，交谈中必须讲真话、讲实话，必须言之有理，持之有据。对成绩不夸大渲染，对问题不隐瞒回避。只有这样，才能言重如山，取信于民。公务人员对群众就是要实事求是、推心置腹，以达到沟通思想、消除隔阂、增强团结、改进工作的目的。公务人员要善于用可信的语言创造一种和谐、平等、信任的座谈气氛，用语言使群众感到自己受到尊重，愿意打开心灵的窗户，让自己的真话、实话、心里话涌出来。

2. 说话要有逻辑性。说话有逻辑性即是言之有序。也就是说话要有条有理，不颠三倒四，不丢三落四，按照一定的逻辑顺序把事情、道理说清楚，体现说话者思路清晰。它还指说话者观点明确，前后一致，说理严密，合乎逻辑。这个逻辑就是说话人要共同遵守的说理规则。

言语表达

3. 说话要有分寸感。说话要有分寸，换句话说，要言之有度。话少又精到，给人感觉深思熟虑。而说话的分寸决定与你谈话的对象、话题和语境等诸多因素的需要。有分寸的反面就是没分寸，即"失度"。一般说来，对人出言不逊，或当着众人之面揭人短处，或该说的没说，不该说的却都说了。这些都是"失度"的表现。

4. 说话要委婉含蓄。"言在此而意在彼"是委婉含蓄的主要特征。委婉是一种既温和婉转，又能清晰明确地表达思想的谈话艺术，是运用迂回曲折的语言含蓄地表达本意的方法。说话者特意说些与本意相关的话语，以表达本来要直说的意思。这是语言交际中的一种缓冲方法，它能使本来也许困难的交往，变得顺利起来，让听者或观众在比较舒适的氛围中领悟本意。

案例

××区委员会新入职员工座谈会发言稿

尊敬的各位领导、同事们：

大家下午好！很荣幸给予我这个机会能够畅言心中所想、所感、所悟，这既是你们对我的关心和鼓励，也是对我的肯定和重视，谢谢！

走上工作岗位的那一天，是我人生轨迹发生巨大转折的一天，也是我真正实现自己人生价值的开始！上班后的每一天都有新的感悟，新的启发。对于我们这些刚走出大学校门的大学生来说，如何尽快地融入新的工作环境中，如何将在校所学的书本知识更好地发挥到工作实践中,都是我们需要思考的问题。下面我就谈谈我对刚参加工作的体会。

首先,体会最深刻的就是自豪与幸福。区委是全区最重要的部门,有幸走进这座庄严而神圣的大楼,能够来到区委办公室这个大家庭里工作,一种自豪感油然而生。区委办给了我们一轮闪亮的光环,区委办公室的领导和同事们则给了我们一个温暖的家。从报名的那天开始,领导们就以一种随和、耐心、热情的态度接纳了我们,这更加坚定了我要考上区委办的决心。

其次,对工作的不适应性。大学毕业进入新岗位,我们有许多需要应对的考验。全新的环境里严格的规章制度代替了大学的自由随意;来自各单位的领导和同事代替了以前熟悉的同学;全新的岗位上,我们的定位由教育的理解者转变为技能的掌握者;办公室工作千篇一律,枯燥无味,忙时加班加点,闲时无事可做。这许许多多的巨大改变都让我们在短时间内难以适应。

最后,是紧张感。区委办公室是市委的"心脏"和"窗口",是沟通上下级的"咽喉"、联系左右的"纽带"。区委办公室作为区委综合办事机构,不仅担负着为领导决策进行参谋和为全局提供服务的重要职责,而且还要与社会各单位打交道。办公室许多工作虽然看起来是小事,却都要牵动全局、影响全局。办公室的特殊地位决定了办公室工作来不得半点疏忽,哪怕是一个符号、一个字,一点点的疏漏都可能产生严重的后果。但这对于平时大大咧咧的我来说,确实是一个不小的考验。

作为一名刚参加工作的毕业生,我在社会经验和知识结构

言语表达

上存在很多的缺陷，但我会做好以下几点，努力使自己能胜任办公室的工作：

(一) 加强学习，提高个人素质

刚从大学校园出来，无论是为人还是做事方面的经验都很欠缺，为了能够尽快融入区委办这个大家庭，一方面我通过各种书报杂志、网络、文件等载体不断学习新的知识，理解新的观念，不断扩展视野，提升自己的专业水平，为能够适应工作需要而不断努力；另一方面我尽量多跟领导和同事交流学习，在座的每位领导和同事都有丰富的人生阅历和工作经验，我会努力向你们学习，多问、多听、多看、多想，多向你们讨教经验。也期望各位领导和同事能够多给我帮助和批评，我会虚心理解，不断上进，尽快熟悉和适应工作环境，了解工作性质和职能，使自己进入工作角色，努力让自己迅速成长为一个思想进步、技术过硬、踏实肯干的职工！

(二) 严格履行岗位职责，扎实做好本职工作

办公室工作没有最好，只有更好，干好办公室工作，是我人生的起跑点。我会在以后的工作中调节好自己的情绪，始终保持乐观向上、用心进取、乐于奉献、快乐工作的良好心态，学会以用心的心态去应对平凡的工作，在细节上下功夫，努力做到大事不含糊，小事不马虎，确保各项工作少失误。牢固树立"细节决定成败"的意识，始终坚持举轻若重的原则，处处留心、时时细心，用心主动配合同事的各项工作，努力做好自己的本职工作，准时、高效地完成领导交给的各项任务。要具有极强的职业责任感，自觉承担工作职责、组织职责、社会职

责，努力在工作和生活中实现"职责"习惯化，以积极负责的态度做好每一项工作。

宏大的理想，仍然是我们的追求；不断求知，仍然是我们的动力；用心进取，依然需要我们秉承。作为区委办公室的职工，我们自豪而不自傲，自信而不自大。我们需要学习的东西还很多，正所谓学无止境，坐在飘扬的党旗下，我们将怀着一颗感恩的心，在以后的工作学习中更加努力。我坚信在办公室领导及同事们的关心、宽容、支持和帮忙下，我们会更快地成长起来，不辜负领导对我们的期望。

以上就是我的发言，如有不足之处，请大家批评指正。谢谢！

五、工作座谈会言语表达要把握的要点

1. 要搞清楚组织上召开座谈会的目的，要事先做好发言的深度调研和资料的收集、整埋和准备，使自己的发言尽量贴近主持者和领导想要的东西及获得的资讯。要尽量使自己的发言和表达的思想及建议与主持者心里想的、工作上需要的一致，这是座谈会发言的根本，也是关键点。要做到鲜明主题后面的发散性发言，又能在发散中围绕主题说明观点，进而使自己的发言有引领、有启发、有思考。

2. 要做到工作座谈会上的发言生动、活泼，又有一定的思想性，就要学会围绕主题提炼案例。学会用故事去说明观点，在故事中以小见大，把自己要表达的情况、情感运用故事衬托，让自己表达的思想在故事中有所体现，用故事中的人和事生动

活泼地反映座谈会所要的基层情况，进而增强座谈会基础性、大众性的座谈氛围。

3. 要注意个人观点和与会发言者发言的共同性、整体性、目的性。一般工作座谈会容易出现偏离主题、偏离话题的问题，因此，我们要注意在工作座谈会的发言中多运用肯定和褒奖的语气，在总的讨论气氛中围绕主题谈自己的看法、想法、做法，善于运用和蔼、亲切、生动的语言，注重言语表达的修辞和造句，使自己说的话让大家有认同感和从众心理。在充分肯定别人的基础上讲自己的话，这是工作座谈会团队精神和互补效应的体现。不能在否定别人的前提下发表意见，这样容易让会议主持者感到你说的话会引起矛盾，带来麻烦，影响会议质量。

第三节 民主生活会的言语表达

一、民主生活会概述

民主生活会是党内政治生活的重要内容，也是发扬党内民主、加强党内监督的重要方式。坚持和完善民主生活会制度，是保证党的团结统一、保持党的先进性和纯洁性的一大法宝。

领导干部在党的民主生活会上，通过发扬民主，充分调动大家的积极性，集中集体智慧，推进决策的民主化、科学化，防止和减少决策失误，进一步提高各级党委的领导水平和执政能力，建设民主、和谐、具有解决自身问题能力、充满生机活力的领导集体。在经济发展向质量效益型转变的关键时期，各级党委的改革创新活力和科学执政、民主执政的能力直接关系到我国社会主义现代化战略目标的实现。通过民主监督，开展批评与自我批评，转变作风，预防和反对腐败，增强党的"自我净化、自我完善、自我革新、自我提高能力"，建设廉洁政治，对领导干部进行更有效的监督。

语言作为人际间交往的工作及政治工作的手段，在党的民主建设中有着重要的作用。注重言语表达的政治性和讲究言语表达的艺术性，是弘扬党内民主必不可少的要素。党内民主生活中，讲究语言艺术蔚然成风，促进了同志之间的团结协作和谦虚谨慎的民主氛围，使党的凝聚力和战斗力得到加强。

二、民主生活会的言语表达特点

一是针对性。民主生活会发言过程中要紧扣主题，联系工作和思想实际，联系群众的意见建议，认真摆问题、找原因、提建议，有针对性地开展批评与自我批评，有针对性地制定整改措施，有针对性地解决实际问题。

二是目的性。俗话说"话不投机半句多。"批评的动机是与人为善，目的是帮助被批评者认识和改正错误。在民主生活会上同志间是平等的，相互之间没有隶属关系，开展批评容易使被批评者产生"越界干涉""出风头""多管闲事""故意找碴"的误解，严重者可能发生争执，甚至展开人身攻击。因此，开展批评时，既要有理有据，客观公正，又要和颜悦色，善于用平和的语气、中听的措辞，消除对方对批评本能的反感。

言语表达

三是互动性。民主生活会旨在通过民主对话，使彼此之间交换意见，沟通思想，相互勉励，共同监督，以达到化解矛盾、增强团结、丢掉包袱、振奋精神的目的。民主生活会不应自说自话，要时刻关注其他人的反应，听取他人的意见和建议，以达到共同进步的目的。

三、民主生活会的言语表达常见问题

讲究言语表达艺术有助于在民主生活会中正确开展批评与自我批评。开展批评中有两种常见情况：有的同志有意见要提，但怕把握不住说话的分寸，也不知怎样婉转陈述，于是要么缄口不语，要么曲意奉承，有的干脆"顾左右而言他"，发言偏离会议主题，使民主生活会流于形式；或虽能直抒己见，却不会讲话，语言直来直往，批判式地轰一番，不给人以回旋余地，结果事与愿违，导致僵局，最后不欢而散。前者对批评的讳莫如深和言语表达能力的欠缺阻塞了言路，后者则未能把握好言语尺度而陷于被动。因此，会议中使用的言语必须适合这一特定内容的需要。民主生活会中的语言艺术，是以巧妙生动的语言阐明严肃的主题，或肯定成绩，或直陈积弊，与"花言巧语""油嘴滑舌"或者"诡辩论"等玩弄语言游戏有本质区别。其言语表达有四点要求：

一忌无限上纲。说话观点要正确，要以党的政策和规定为准绳，具体问题具体分析，以客观、公正的态度发表意见，绝不能用大话、套话唬人，更不能乱扣帽子、乱打棍子。有根有据、有理有节的语言才具有说服力。

二忌泛泛而谈。发言不要兜圈子、卖关子，使人不知所云；也不要乱用辞藻、哗众取宠，使人费解；更不能不着边际地高谈阔论，使人生厌。高明的语言应该朴实易懂、言简意赅。忌借民主生活会，或空泛议论，或单谈工作，或"对自己放礼炮，对他人放哑炮，对群众放空炮"。

三忌不区别谈话对象。每个人均有不同个性，在发言中必须区别不同对象，认真斟酌说话的语气和分量，因人而异地选择用语，话说中听时，即便是批评意见，也易于被人接受。如果对谁说话都是一个腔调，很容易使人反感，甚至造成矛盾。

四忌语言生硬。一般而言，民主生活会中提出的意见多为同志间善意的提醒和劝导，说话的语气应当缓和，宜多用箴勉的语言引导他人发现和正视问题。这样既能使意见表达到位，促人警醒，又能照顾到被提意见人的自尊。就是在讨论某人的重大错误时，也只能在政策范围内说话，以免伤其人格。

四、民主生活会言语表达要把握的要点

1. 围绕主题，精准发言。会前突出民主生活会发言主题，明确发言重点，有针对性地提出问题并解决问题，才能保证生活会的效果。因此，召开民主生活会前，采取上级点、群众提、内部议等办法，主题明确，才能更好地准备民主生活会发言内容，才能更好地开展自我反思、全面分析、客观评估自身和党员队伍建设水平，对发现的问题不遮不掩，坚持有什么问题就解决什么问题，什么问题突出就重点解决什么问题。

2. 说话中肯，态度诚实。中央要求专题民主生活会要抛开

言语表达

面子，必须不怕"丢面子"，更不能"抓辫子"。党员干部虚心接受别人的批评，看似丢面子，实则很光荣。善意的批评和提醒，能够让人防微杜渐，头脑清醒，少犯或不犯错误；而怕丢面子，拒绝批评，看似保住了面子，但久而久之，对自己的错误失去警觉，最终真的要丢面子。领导干部要明白，不得罪歪风邪气，就必定得罪公道正气；不得罪少数有这样那样问题的人，就可能得罪大多数奉公守法的人。利益关系复杂，矛盾问题凸显，尤其需要广大党员干部坚持原则、勇于任事、敢于担当，唯有如此，才能形成风清气正的局面。严肃认真地开展批评与自我批评，既是民主生活会的重点，也是难点。一些人在会上自我批评遮遮掩掩、批评他人避实就虚，把民主生活会开成"茶话会""交流会"。增强民主生活会的原则性、战斗性。一是要防止评功摆好。要坚持"问题检讨观"，敢于正视问题，勇于揭露矛盾。不能要民主不要原则，要和气不要正气，搞"事不关己、高高挂起，事若关己、不以为然"的一团和气。二是要防止避重就轻。本着对单位和他人高度负责的精神，"敲当面锣，打对面鼓"，不搞"犹抱琵琶半遮面"，逐个抓好自评、互评、点评，做到个人分析不深刻不放过，员工互帮不认真不放过、领导点评不到位不放过，真正实现知无不言、言无不尽。三是要防止就事论事。作为党内会议，开展批评要在谈工作、摆现象的同时，注重从党性原则方面找根源、从思想深处查症结，不能就事论事，把自我批评变成工作汇报，把批评别人变成工作讲评。要防止人云亦云。大家在民主生活会里都是普通党员，大家都应在会上讲真话、讲实话，真正营造民主、平等的良好氛围。作为党员，自觉强化党性观念、破除私心杂念，敢于在"第一时间"亮出观点、提出意见，不"盲从"、不"跟风"。在自我批评时，要对照《关于新形势下党内政治生活的若干准则》《中国共产党党内监督条例》发现自身不足，对照先进模范发现自身差距，对照反面典型引起自己警醒。

3. 勇于批评，善于揭短。批评的方式，宜采取商议式、双向交流式，可用"我想""我觉得""我个人认为"等语气表明自己的批评意见纯是个人的看法，尽量避开诸如"你应该怎样，不应该怎样""我早就料到会是这样"等类似言语。忌"声色俱厉""义正词严""脸红脖子粗"的方式，以及责备、埋怨、嘲笑、质问的语气，这样只会伤害被批评者的自尊心，甚至引发其自卫乃至反击，批评的效果是绝对不会理想的。

批评他人宜间接委婉。按理说，被批评者应该具有"闻过则喜"的雅量，但个人尊严总是需要维护的，"明目张胆"的挑战是大多数人难以容忍的。如果批评的矛头直指他人，以所谓的"众议"迫使被批评者在"拒绝批评"和"接受批评"两者中立即做出抉择，结果十有八九是要碰壁的。因此，批评他人，宜用商讨式、启发式、迂回式。

批评他人宜循循善诱，忌"电闪雷鸣"。批评他人是民主生活会的权利，更是一项责任，接受他人批评也是必须遵守的一条组织原则。但是，批评者绝不能因拥有批评他人的权利和责任而无视他人的人格和尊严，对于"谆谆教诲"，被批评者也不会因必须遵守接受批评的原则而对一切批评毫无区别地"洗耳恭听"。而这一切，都会使批评者原本是不折不扣的关心和爱护的"忠言",因态度、措辞、语言欠斟酌而变了味、走了调,批评也就成了被批评者又怕又厌的"唠叨",唯恐避之不及,哪里还有耐心"听在耳中,服在心里"呢。俗话说:"以理服人,威信自生;以势压人,无威无信。"在批评他人时,应该是说服而不是压服,鼓励而不是威胁,尊重而不是鄙视,循循善诱而不是"电闪雷鸣"。如果一味刺耳地批评,不仅会挫伤下属的自尊心,造成下属"敬而远之"的心态,时间长了,还会因逆反心理而"消极怠工",甚至"破罐子破摔"。

批评自己宜一针见血,忌肤浅表面。自我批评较之于批评他人要坦诚直率得多。但稍留心也会发现不少言语上的毛病,同样影响了民主生活会的效果。自我批评要对自身错误叙述清楚,突出中心,表白诚恳;针对主题,一针见血,认真检讨;切忌语言粗俗,唠叨不停,冲淡了会议严肃而紧凑的主题等。言语表达不畅,内容没有说服力,使民主生活会中的自我批评难以深刻地开展起来,效果就会大打折扣。

4. 以理服人,互勉共进。要重视言语的表达方式,善于运用语言艺术,根据不同情况恰如其分地说话,在发言中坦诚相见,动之以情,晓之以理,在同志式的恳谈中达到批评与自我批评的目的。话说得坦诚,动人心扉;理讲得透彻,叫人叹服。

案例

××年××支部党员民主生活会发言材料

按照县委组织部对此次民主生活会的要求,会前,我学习了中央八项规定精神、十九大精神，深刻领会习近平新时代中国特色社会主义思想的历史地位和丰富内涵，自觉对照重点查找的四个方面的问题，结合自己的工作实际，自我剖析，如有不妥之处，还请大家批评指正。

一、存在的问题

一是在学习贯彻习近平新时代中国特色社会主义思想方面，有时把工作当成硬任务，学习变成软任务，总认为自己是做实际工作的，懂得一些基本观点、基本原理能适应工作就行，导致理论指导实践和日常工作的能力还有差距，在牢固树立政治意识、大局意识、核心意识、看齐意识方面还有不足。

二是在政治纪律和政治规矩方面，从参加工作以来，在政治原则、观点和党的路线、方针、政策上都能与党中央保持一致，能够对党忠诚，服从党的领导，执行请示报告制度，不弄虚作假，但对照自身情况，还存在随意性和简单化现象，尤其是在要求很急的工作决策上，有临时动议现象，发扬民主不够充分，结合实际贯彻落实的还很不到位。

三是在组织生活方面，政治敏感度不够。对社会上传播小道消息、诋毁时政的现象有"见怪不怪、不攻自败"的麻痹大意思想，没有站出来态度鲜明地公开批判、制止，对这些不讲政治、严重自由主义的言行，没有挺身而出，没有公开进行制止和批评，而是任其所为，以允许言论自由为借口开脱自己的责任，在一定范围、一定程度上助长了这种不良风气。实际上这都是政治敏感度不高的体现。

四是在担当作为方面，存在不敢担当、不愿负责的思想。

今年的工作任务较往常要重,因此在面对繁重复杂的工作时,个人会存在畏难情绪,对出现的问题不能静下心来认真钻研,没有及时摆正位置,调整状态,认为自己只是一名副职,不由得就降低了对自己的标准,不愿意去承担更多的责任,存在"多一事不如少一事"的思想。

二、存在问题的原因剖析

1. 理想信念松懈,奋斗精神有所淡化。随着年龄增长、职务和环境变化,为党的事业奋斗终身的誓言有时不那么清晰了,当初的志向也慢慢淡忘了,奋斗的激情逐步消退了,考虑自己的职级待遇、进退得失多了。对照入党的誓言、对照组织的重托、对照"心里装着全体人民,唯独没有他自己"的高尚境界,自己问题的出现就在于放松了对理想信念的坚守,放松了对艰苦奋斗精神的坚持。

2. 宗旨观念减退,为民情怀有所淡化。作为一名乡镇干部,只有把自己的工作融入为群众服务中,才能实现自身价值。现在思想上总想着干出成绩得到单位的表彰,于是考虑群众的疾苦少了、考虑自己的利益多了。群众反映的问题,有些涉及的部门很多,有些又不在自己的职权之内,怕给自己惹麻烦,与群众感情渐渐疏远,淡化了全心全意为人民服务的意识。反思自己,主要因为淡漠了群众感情,淡化了宗旨意识,模糊了"我是谁,为了谁,依靠谁"的爱民情怀。

3. 主观主义滋长,求实作风有所淡化。工作中缺乏主动性和勇于创新的胆识。错误地以为,只要循序渐进,按照上级要求处理好平常事务就完事大吉,不需要创新。基于这种想法,不知不觉地产生了不求有功、但求无过的思想，因此学习放松了、工作松劲了、标准下降了，只求一知半解、未能精益求精，工作的主动性、创新意识有了差距。产生这种问题，主要原因就在于党的实事求是的思想路线在自己思想深处淡化了，求真务实的内涵在工作实践中"失守"了，没有把凡事探求真理、多到群众中听意见找办法的求实作风传承好、实践好。

三、整改措施及今后努力的方向

一是加强政治学习，打好理论基础。做到真学、真懂、真信、真用，不断提高理论和工作水平；结合工作实际，不断拓宽知识面，努力适应新的形势、新的变化。要提高自己的政治敏锐性和政治鉴别力，树立科学的世界观、人生观和价值观，要以解决思想和工作中存在的实际问题为出发点，以改进自己的工作作风和工作方式、提高工作成效为落脚点，特别要在理论联系实际、指导实践上下真功夫，不断提高理论学习的效果，实现理论与实践相统一。

二是严守党的规矩，做好党的干部。始终保持清醒坚定的政治立场，模范遵守党章，坚决维护党纪，在政治上讲忠诚、在组织上讲纪律、在行动上讲原则，始终站在党的立场上想问题、办事情，对党忠诚。在路线原则上立场坚定、旗帜鲜明，在关键时刻和风险挑战中经得起考验。严格执行廉洁自律准则，遵守中央八项规定，自觉抵制"四风"问题，树牢"四个意识"，坚定"四个自信"，做到"两个维护"，要树立规矩意识，严格按党性原则办事，按政策法规办事，按制度程序办事；真正把守规矩当作一种责任。

言语表达

三是改进工作作风,抓好问题整改。把维护和发展好人民利益放在首位。牢固树立全心全意为人民服务的思想,树立为党为人民无私奉献的精神,把个人的追求融入党的事业之中,坚持党的事业第一、人民的利益第一。一要想问题、办事情、做决策都要坚持从实际出发,遵循客观规律,迎难而上,增强工作的实效性。二要敢于讲实话、真话,敢于听实话、真话。重实际、办实事、求实效,不搞形式主义,不摆花架子。三要创造性地工作,大胆地投身到工作实践中去,在工作中勇于开拓创新、担当负责、攻坚克难、身体力行,不断研究新问题、解决新问题,不断总结和完善已有的经验,提出新思想、新方案,拿出新举措,开创工作新局面。

以上发言不当之处,恳请大家批评指正。

第四节 调查研究的言语表达

一、调查研究概述

调查研究作为一种收集和处理信息的方法，在互联网时代的信息化社会显得越来越重要。调查研究能力是现代社会中公务人员必须具备的一项通用能力，它既是人们认识和改造社会的重要手段，也是我们党的优良传统和作风，作为公务人员，努力学习调查研究理论，认真进行调查研究实践，不仅是自身修炼的需要，而且是新时代的工作需要。

调查研究，就是对客观实际情况的调查了解和分析研究，把事物的真相和全貌调查清楚，把问题的本质和规律把握准确，把解决问题的思路和对策研究透彻。调查是指通过各种途径，运用各种方式、方法，有计划、有目的地了解事物的真实情况。研究则是指对调查材料进行去粗取精、去伪存真、由此及彼、由表及里的思维加工，以获得对客观事物本质和规律的认识。

调查研究作为一种有意识、有目的的人类认识活动，必然反映人的主观能动性，同时为了适应现代社会发展的要求，在各方面都要不断更新。从总体上说，任何调查研究都具有以下性质：

1. 目的性。调查研究以社会事实为调查对象，是针对社会现实中的问题而进行的主观认识活动，是围绕当前或今后一段时期内亟须解决的问题而展开的,有着鲜明的目的性和计划性。

2. 实践性。与抽象思维的理论性学科不同,调查研究也是一门面向现实并直接为现实服务的实践性学科。调查研究要求调查者直接深入社会生活中进行实地考察,全面、系统地收集第一手资料,是一种能动的实践活动。调查课题来自实际存在的社会现象,调查资料的收集来自调查过程中的具体实践操作,调查的结论也要在实践中检验。

3. 科学性。调查研究要求调查者以科学的认识论和方法论为指导,遵循科学研究的一般程序,按正确的、高效的步骤进行。社会调查主要是一种认识方法,同时也是一种工作方法。社会调查与各门理论性社会学科不同,它是一门为理论研究、政策研究、工作研究提供手段和工具的方法性学科。调查的方法和手段更要讲求科学性,这直接关系着调查的成败和成效的大小。要想得出准确的、科学的调查研究结论,就必须自觉地遵循调查研究的规律。

4. 综合性。调查研究涉及的不仅是某一学科或是某一领域的知识,还涉及哲学、经济学、社会学、人口学、民族学、统计学、逻辑学、新闻学等多领域、多学科的知识,它是这些知识的综合性应用,是为各门具体社会学科的理论研究、为党政企事业单位的实际工作服务的综合性学科。

调查研究是马克思主义认识世界的根本方法,是中国共产党的光荣传统和优良作风。调查研究是发现、提出问题和分析、解决问题的有机结合,是认识世界和改造世界的锐利武器。没有调查,就没有发言权;没有调查,就没有决策权;没有调查,就没有领导权。概括地说，调查研究是实事求是和群众路线的根本要求。

二、调查研究的言语表达特点

(一) 调查研究的类型

调查研究的对象十分广泛，涉及社会生活的各个方面，乃至构成一幅纵横交错的网络图。因此，调查研究的类型划分问题比较复杂，很难找到一个统一的标准，而科学划分调查研究的类型，却有助于我们深入了解调查研究的内容结构，有助于调查方案设计和实施调查时准确地向调查人员下达调查任务。其中，比较常用的主要有如下几种类型：

1. 按调查方式不同可分为直接调查和间接调查。

(1) 直接调查。直接调查是指调查者直接与被调查者接触而进行的调查。调查者根据调查方案，直接向被调查者收集资料，是目前比较提倡的一种最主要的调查方式。如实地观察、口头访问、实验调查等。它通常又可以分为：①亲自调查，指调查研究者本人亲自深入被调查者中间去，按调研要求收集资料。其特点是对调查情况有直接的了解和体验，活动比较灵活、方便，但调查的范围不能过宽，人数也不能过多。这种方法适用于小型研究和准备阶段的调查。②委托调查，指调查研究者确定调查课题，设计调查方案，提出调查质量和调查时间等具体要求，委托其他受过训练或有经验的调查人员到被调查者中间去收集有关资料的调查。现代社会调查中的具体收集资料的工作一般都由专业或志愿的调查人员去做。这种调查需要有组

言语表达

织有计划地进行，需要一定数量的资金。如人口普查就属这类调查。③通信调查，是指在互联网背景下，以现代通信工具（电话、邮件、通信软件以及其他网络传播工具等）作为载体进行调查的方式，这种调查节省人力、物力，但准确度、回收率会因为各种情况而有所不同。④统计核算和统计报表调查，是调查主办单位（通常是上级）通过所属各级组织中的统计人员或财会人员，按有关规定将有关情况进行统计核算和编成统计报表，逐级上报，最后汇集在调查主持者手中进行统计分析的调查。这种调查严格按照调查研究者的要求填报材料，易于量化分析，可在大范围内有组织地进行，是国家政府部门使用的一种特有的调查方法。

（2）间接调查。间接调查是指通过某种中介间接了解被调查者进行的调查，如文献调查。社会科学工作者或有关调研人员从书籍、报刊、网站和其他传播媒介转录历史资料或现实资料以分析研究的"调查"。如《汉书·王莽传》中记载的"故今谓刺职典论式微，集文卷而求事实之实情曰调查"，指的就是这种调查。又如，美国未来学家奈斯比特夫妇研究社会大趋势时所用的"内容分析法"，即是用查阅大量资料的间接调查分析方法。

2. 按调查研究范围不同可分为微观调查和宏观调查。

（1）微观调查。通常指对涉及人数不多、内容比较单一的日常生活现象进行的小范围调查，包括一定范围内的如婚姻、爱情、家庭、民间纠纷、民族文化遗产情况的调查等。这种调查收集的资料比较全面，了解问题比较深入，但不容易正确地运用数量关系表明这一调查情况在较大范围中的地位和比重。

（2）宏观调查。通常指运用现代调查方法和手段，如各种调查问卷、互联网技术等，在较大范围和众多对象中进行的社会调查。包括对政治、经济、文化等重大课题和社会生活中带普遍性问题的调查。如有关部门和单位组织的全国性或地区性的国情调查、省情调查、省区大城市职工生活状况调查、武汉地区大中型企业经营状况调查等，均属这种宏观社会调查。

3. 按调查研究的时间不同可分为一次性调查、经常性调查和追踪调查。

（1）一次性调查。如解决某一具体问题的调查，这个问题解决了，就不再调查了。

（2）经常性调查。包括周期性调查、阶段性调查和不定期调查。①周期性调查，是指每月、每季、每年或若干年进行一次的定期调查。②阶段性调查，是指以事物发展阶段为依据的连续调查。如根据蔬菜销售淡旺季进行的市场调查，根据青少年不同年龄阶段进行的教育调查等。③不定期调查，是指根据工作需要进行的无固定期限的连续调查。如根据物价管理需要不定期进行的物价调查，根据社会治安情况不定期进行的犯罪调查等。

（3）追踪调查。追踪调查是指在不同时期对同一调查对象进行的连续调查，可分为周期性追踪调查和不定期追踪调查。

4. 按调查研究内容及属性不同可分为各种类别的调查。

根据调查研究内容的属性，调查可以分为交通、文教、科技、卫生、财贸、旅游、环保、农业等各项公共事业的调查，青、妇、老、幼等各类人员的调查,公检法调查,婚姻、家庭、贫穷、犯罪等各种社会问题的调查,社会风俗、民族、心态的调查等。这些分门别类的调查在中国特色社会主义建设中都是必不可少的。

5. 按调查研究的地域不同可分为各种地区的调查。

根据调查研究的地域,调查可分为地区性调查(如东、中、西部地区,以及省、地、县、乡、村等不同等级、不同规模的地区)、全国性调查、国际性调查,山区调查、平原调查、江河湖区域调查,农业区域调查、牧业区域调查等。

6. 按调查研究的目的不同可分为应用性调查和学术性调查。

(1)应用性调查。应用性调查是指为解决当前实际工作中存在的某些具体问题而进行的调查,如农民负担调查、劳务市场调查、社会治安问题调查等。

(2)学术性调查。学术性调查是指以学术研究为主要目的而进行的调查,如社会分层调查、城镇化调查等。

上述调查研究的各种分类只具有相对意义。调查研究的分类远远不止上述几种。例如,按调查研究的时序标志,可分为静态调查和动态调查;按实施调查对象在研究范围里的分布情形为标志,可分为普遍调查、典型调查、抽样调查;按调查研究的领域,可分为行政统计调查、市场调查、社会问题调查、民意调查、研究型调查、生活状态调查等;按调查研究选题的范围,可分为综合性调查、专题性调查。对于任何具体的调查研究来说,不存在单纯的某一类型,可能既具有理论性,又具有应用性;既描述现象,又解释规律。同样一个课题,如工人问题、市场问题、贫富分化问题等，既可作全面调查，又可作非全面调查；既可作一次性调查，又可作经常性调查或追踪调查；既可作应用性调查，又可作学术性调查；既可作综合性调查，又可作专题性调查等。因而，究竟进行哪种类型的调查研究，应该主要取决于调查者的客观需要和实际可能，应当灵活、辩证地理解调查研究的分类及其类型。

(二) 调查研究的言语表达特点

调查研究是一种有目的、有计划的认识过程，这一过程可按照时间顺序划分为几个阶段，每个阶段有不同的任务和活动，一般的调查研究步骤包括准备阶段、实施阶段、总结阶段。

准备阶段：凡事预则立，不预则废。从确定调查研究到进入现场收集材料之间的这段时间，是调查研究的准备阶段。这一阶段总的任务是明确目标，选择现场，设计方案，为收集信息做好准备。

实施阶段：是调查研究的主体，其中心任务是收集信息。在实施阶段，选择合适的调研方法直接关系到调研工作开展。常见的调研方法有观察法、访谈法、座谈法、问卷法、咨询法、抽样法、典型法、统计法、文献法等。本章所讨论的"言语表达"主要发生在调查研究的实施阶段和所使用的各种调研方法中。

总结阶段：实地调查获得的大量资料，是认识事物、消除不定性的原材料，只有经过整理分析，才能得出科学的结论，这就是调查研究最后一个阶段的任务，参与调研人员会将收集的材料进行处理和分析研究，最后撰写报告和汇报工作。汇报

言语表达

工作中的"言语表达"不在这里赘述。

根据调查研究的一般性质、类型、基本步骤,调查研究的言语表达具备以下几个特点:

1. 目的性。与日常的观察活动不同,任何社会调查研究活动都有着明确的目的,调查研究的言语表达(访谈、会谈、咨询、询问等)也同样具有目的性,没有目的的社会调查研究是毫无意义和价值的,事实上也是不存在的。目的不明或混淆了不同的目的,也必然会造成调查研究言语表达的紊乱。因此,调研人员的各种言语行为是一种目的性行为,需要注意言语信息的传输与反馈,要"言传心声,言随旨遣",调查研究的言语表达只有做到目的明确、有的放矢,始终瞄准目标,才能精准收集到有效的信息。

2. 问答性。调查研究需要和人打交道,和人打交道离不开提问。询问或提问是调研人员从调研对象的回答中获得信息资料的一种重要方法和手段。一名优秀的调研人员,首先应当是一名高明的提问者。他的高明之处就在于善于把自己的政治水平、社会阅历、学识口才、聪敏机智等各种能力融会到提问之中,让受访者跟着自己的思路走,顺利地得到自己需要的信息。

3. 精准性。进入互联网时代,大家已习惯在"0"与"1"的字节中抒发情绪、表达诉求。人在哪儿,工作思路就要更新到哪儿,调查研究的发力点就要转移到哪儿。更快发现社会治理的堵点、痛点,做好精准化、精细化服务,必须尽快培养"数据观念"、应用"数据思维",了解群众的所需所想,揭示行为背后的内在规律,发现社会运行的趋势,已然成为实现科学决策、有效治理的基础。

4. 通俗性。调查研究要常常和群众打交道，空话、大话、套话、虚话要不得，群众不买账，听不懂，也不愿意听。口语表达不同于书面语表达。书面语表达遇到难懂的词语，可以查字典；遇到不易理解的句子，可以慢慢琢磨。而口语表达则不行，它具有易逝性特征，声音转瞬即逝。口语表达的这种易逝性特征要求我们说话时一定要注意通俗性，即使是理论性很强的问题，也要尽可能地做到深入浅出、通俗易懂。只有这样，才易于被人们接受。

5. 灵活性。调查研究是一项复杂的系统性工作，其中之一就是要与不同的群体和不同的人打交道，因此调查研究的言语表达要灵活多变。即人们常说的"见什么人说什么话"。

三、调查研究的言语表达常见问题

调查研究本就是极为务实的实践活动，要求公务人员在调查研究时，到基层深入了解真实情况，总结经验、研究问题、解决困难、指导工作，向群众学习、向实践学习，多同群众座谈，多同干部谈心，多商量讨论，多解剖典型，多到困难和矛盾集中、群众意见多的地方去，切忌走过场、搞形式主义；要轻车简从、减少陪同、简化接待，不张贴悬挂标语横幅，不安排群众迎送，不铺设迎宾地毯，不摆放花草，不安排宴请。要讲自己的话、务实的话，这样才能听到真心话、实在话。

长期以来，调查研究工作在实践中总结出来很多成功的经验，也存在不可忽视的问题：身入不心入，缺少指导性典型总结；水过地皮湿，没有规律性、导向性的结论；只讲经验没有问题，调研报告不具备深层思考；主题较散，缺少领导的明确指导；以偏概全，弱化发展性、战略性的趋势问题；隔靴搔痒，调研工作与实际需求两层皮；有数无据，论据、论点不充分，缺少大数据支撑；组织不力，工作效率、效能低，质量差；研多究少，调查研究中横向纵向问题分析不对称。

四、调查研究言语表达要把握的要点

（一）调查研究的基本沟通技巧

调查研究离不开与人的沟通。有效沟通，因人而异。与聪明的人谈话，要依靠广博的知识；与知识广博的人谈话，要善于雄辩；与善辩的人谈话，要简明扼要；与贫穷的人谈话，要依靠尊重；与卑微的人谈话，要依靠谦敬。

在调查研究中，检验说话质量的最好办法就是想想人家能不能心甘情愿地接受提问，能不能听得懂问题。大的事情，想好了说；小的事情，幽默地说；复杂的事情，简单地说；急的事情，慢慢说；探索的事情，边做边说；创新的事情，多做少说。说话要讲究语境，说话要注重对象，力求做到人人心中有，人人口中无，你能说到位，就能打动人。调查研究中常能体现言语表达的两种调研方法是座谈法和访谈法，下面揭示的一般沟通技巧就是基于这两种调研方法。

1. 适时入题。调查者与被调查者一经接触，访问即告开始，但此时并未正式开始，犹如晚会开场前有个垫场节目或歌舞表演一般，调查者应当通过寒暄、问候、简单介绍等，迅速缩短

双方的心理距离，获得对方的认可与好感，让受访者知道访问的目的，此时方可真正进入主题。当然，调查者也不能海阔天空、东南西北迟迟不进入主题，这容易给受访者造成调查者不着边际的感觉，从而产生抵触心理，影响访谈效果。同时，假如受访者在寒暄时没完没了，顺着"垫场"话题一路神侃下去，调查者也要及时巧妙地把他的话题拉回来，不能任由他自由发挥。

2. 言语表达通俗、具体、明确。要根据对方的文化程度、工作岗位等，用对方听得懂、乐于接受的语言，通俗易懂地提出问题，避免使用专业化词语、与受访者有距离的语言风格，以免影响调查的有序进行、令对方陷入尴尬境地。某干部下乡调研基层党风廉政建设情况，和当地村民沟通调研时问道："您认为你们村里的一把手有没有严守政治规矩和政治纪律？宗旨意识有没有牢固树立？"听的村民一头雾水。调查研究尴尬又难以开展。

3. 注意身体语言。身体语言同样影响着调查研究的进行过程，例如，微笑着说话与面无表情地说话，给对方的感觉不一样，得到的响应也不一样。曾有一位被访查者在接受调查访问后私下说："原来是准备好好说的，但他跷着二郎腿，还不停地看手机，搞得我一句话都不想讲。"

4. 注意场合，保持距离。不同场合给人的心理感受不一样，同样一个人在不同场合的表现，甚至能判若两人。例如，在办公的地方，做调查访谈会感到拘束，甚至压抑，而在活动室或会客室就会感到相对轻松，如果换到其他非工作场所，气氛也许会更加轻松。另外，人们之间的交往也要注意彼此之间的距离（也指空间距离）。因为调查者与被调查者经常是陌生的，而每个人都有自己的心理防线。距离过于接近，会感到受威胁，过远又会产生疏远，调查者应根据被调查者的性别、个性、与被调查者的关系有意识地选择适当的距离。

5. 注意倾听。如果调研是以座谈会的形式进行的，调查研究是为了获得有用的数据，调查者要注意倾听对方谈什么，引导对方谈出与主题有关的内容，不要使用肯定或者否定的判断性语言，否则会使对方产生迎合心理，导致调查产生误差。

(二) 调查研究中的谈话策略

调研犹如采矿。调研的起步是谈话，谈话的好坏直接关系到调研的效果。娓娓而谈，据实而谈，亲切交流，深入探讨，是开掘和采得丰富"产品"的重要途径。基层调研要做好充分准备，切不可轻易打"没有准备的仗"，更不能出现问完"几口人""收入多少"之后就"失语"的现象，那样反而让群众更反感。要提前打好腹稿，怎么开场，怎么交流，问哪些问题，都应提前准备好，做到心中有数、不慌不忙。

1. 因势利导，引入话题。这是架起双方谈话桥梁的基础，也就是用话语或实物取得对方的信任，引起共同感兴趣的话题，使谈话气氛融洽，有利于互相配合。例如，你事先知道调研对象是同乡，或是一个学校毕业的，或是从事过同一工种的劳动，或是到过某一地方，或有某种爱好，或有某种困境和困难等，这样就能很容易地从双方的经历中，从双方的兴趣、爱好中，从双方接近的观点中去寻找对方感兴趣的话题。

2. 通俗朴实，充满感情。说话不要打官腔，跟群众说话，就要学说群众说的话，说大白话，说群众听得懂、愿意听的话。要用群众当地的方言，普通话会显得生分，不够亲切。语气要随和亲切、有礼有节，多问好、多关心，多用一些"咱们村""咱们这儿"等一些亲近语。语言要生活化，见面前多打听一下当地群众谈论关心的话题，或者即兴发挥找到群众愿意聊的事情，为之后的调研问题作好铺垫。另外，调研谈话虽然随意但不能随性，表达既要坦率真诚，又要充满感情，要学会站在群众的角度考虑问题、替群众着想、为群众谋利。在与一些困难群众交流时，要做到感同身受，倾听群众心中的苦闷，放慢语速，情感到位，但不能刻意伪装。说话时要注意换位思考、建立信任，引导群众把问题谈开、说透。

(三) 调查研究的提问技巧

提问是调查研究获得数据的有效方法之一。一名优秀的调研人员，首先应当是一名高明的提问者。他的高明之处就在于善于把自己的政治水平、社会阅历、学识口才、聪敏机智等各种能力融会到提问之中，让受访者跟着自己的思路走，顺利得到自己需要的东西。要想成为高明的提问者，就必须讲究提问方式，掌握提问技巧。提问的技巧是多方面的，问得好，问得巧，才能问出根由、问出来龙去脉和细节。

1. 讲究提问策略。访问中，要想从受访者那里得到自己需要的东西，应根据实际情况，随机应变，讲究提问策略。人的性格千差万别，人的情绪千变万化。有的侃侃而谈，有的不善言辞，还有的顾虑重重、推托不讲。受访者侃侃而谈、收不住话匣子时，适时打断对方，将谈话引向正题；遇到不善言辞的访问对象时，循循善诱，注重启发，避免冷场；遇到怕说错话、推托不讲的受访者时，则要讲明调研目的，解除后顾之忧。访问中，调研人员的语气、口气、表情、音调和内容等会对不同的受访者产生不同的影响。调研人员需要揣摩受访者心理，找准其"动情点"，打开其心扉，使之一触即发、一吐为快。

2. 注意提问顺序。随意提问会使受访者思路受阻，容易引起对方反感，因此，提问要言之有序，要讲逻辑性，循序渐进。有序提问，可以方便对方回答，自己整理材料也能脉络清晰，出稿顺利。

调研人员需要在调研中始终思考提问顺序。提问一般以时间或逻辑顺序为序，由易而难，由表及里，由浅入深，由近及远，由此及彼。不能东一榔头、西一棒槌。总的来说，提问顺序要有利于对方回答，有利于自己获得素材。

3. 问题具体明确。如果问题笼统空泛，受访者会无所适从、不知所措。故此，提问要增强针对性，问得浅显、明白，让对方容易回答；否则，容易出现南辕北辙、文不对题情况。作为调研人员，应当善于把一个问题分解成若干明确具体的小问题，尤其是面对那些文化水平较低、不善言辞的访问对象时，更要提出具体明确的问题。做到提问具体明确，需要避免问题冗长，不提那些需要进行解释的问题。问题越长，对方可能回答得越短。如果提出问题，还要进行一番解释，说明这个问题应该放弃；如果需要用三句以上的话甚至连篇累牍去解释，说明这个问题不成熟，应当继续考虑。

4. 善于寓问于谈。提问时，先将问题写在本子上，然后向受访者一一提出，这样做当然是有充分准备的，能够对提问结构进行充分考虑。但是，对着单子提问对受访者来说总有一种不平等的感觉，缺乏人情味，容易形成"一问一答"的访问过程，使受访者消极应付。

提问时，调研人员要善于满足受访者的自尊心，将提问融入谈话中，调动其回答问题的积极性。善于倾听，不轻易放过谈话中的任何一句话，适时插话，强迫对方集中注意力，谈出所需要的内容。要甘当小学生，对事物充满好奇心，学会做忠实听众；切忌只顾自己发问，忽视与访问对象的交谈。

5. 多种提问方式并用。提问的目的是了解受访者观点，而不是把自己的观点强加给受访者，也不是让受访者印证你的观点。你要让受访者回答你的问题，必须让他对问题感兴趣，不能简单地用"是"或"不是"来回答。

提问要开放式问题和闭合性问题并用，以开放式问题为主，要正问、反问、侧问、追问、设问、激将等多种方式综合运用，机智灵活。

6. 善于即兴提问。提问是调研中非常见功力的一个环节。事先准备的问题与实际情况不相关或者实际情况超出想象在调研中屡见不鲜。一旦出现这种情况，调研人员必须根据现场实际情况即兴提问。

好的问题，能激起受访者的谈兴，使他妙语连珠。当对方对所谈的问题不感兴趣时，必须另选话题。调研人员脑子里的问题多，而且能够跟上飞速发展的现实，与时俱进，即兴提问时才能联想到更多的问题，又准又深；才能有的放矢，问到点子上，打动对方，引起"共鸣"。

一要问得恰到好处。恰到好处指的是问题有特点、有个性，只有他回答最合适。能够见哪一行人就说哪一行的话，见到专业人士问专业问题，才能与被访对象谈得格外投机。即兴提问要问他最熟悉、最想说、最了解和自己最关心、最想知道且非问不可的问题。要问只有他才能回答、才能陈述自己观点的问题。

二要问得有分量。有分量就是说问题有丰富的内涵和很强概括力。调研人员要善于根据自己掌握的素材概括、提炼有价值的问题。提问的分量与问题的长短不成比例，有时还会相反。

三要问到点子上。所谓点子，就是关键、要害、节骨眼。调研人员要善于抓住疑问点，提出自己最需要、最感兴趣、最想知道却又疑惑不解的问题。

7. 要留有后路。不要以为访问一次就可以把别人的材料掏完。常常会出现这样的情况，回去后想起了还有问题没有问、还有问题问得不够清楚等。

因此，在分别的时候一定要说，可能还会有问题、还需要请教等。提问是调研中最微妙的技术之一，它没有固定的格式，可以说是"运用之妙，存乎一心"。当然，提问的技巧与调研人的素质有着紧密的关系，平时多积累对提高提问水平和质量有很大帮助。

 案例

××市教育局责任区领导基础调研记录

工作人员：今天我代表教育局来到××乡中学，主要是了解我校现状及倾听我校教师对于业务、教师队伍建设、办学条件等多方面的意见及建议，我会积极解答并带回教育局，梳理后向上级提出并研究解决方案。下面，我想请问一下我校现有教师多少人？班级数和班额分别是多少？是否存在大班额的情况？

校长：我校教师共有24人，保安1人，全校共6个班级，人数为30~39人，不存在大班额的情况。

工作人员：我校学生是乘坐什么交通工具上学？

校长：本村学生可以步行上学，外村学生乘坐由家长承包的送子车。

工作人员：我校是否按照要求开展有效课堂活动？

校长：我校积极响应上级要求，在全校范围内开展有效课堂活动，以周会业务学习、集体备课等形式号召全校教师积极参与并初步取得一定效果。

工作人员：我校教师通过什么渠道对学校工作提出意见？我校教师通过什么渠道了解学校校务及财务状况？

校长：我校每年召开一次教职工代表大会，在大会上我校后勤主任对上一年后勤工作做报告，校长对上一年校务工作做报告，教师可以通过职代会提案、校长热线等方式对学校各项工作提出意见和建议，对于教师提出的意见及建议工会形成文

字材料,在校委会上提出并讨论是否可行。职称评定、优秀教师评选、工资福利、大宗采购等及时在我校公示栏进行公示。

校长:我校有部分教师及学生住得离学校较远,每天骑摩托车或者自行车来学校,我校只有一个用铁焊接成的停车架,没有车棚,停车位置较少,比较混乱,我校资金有限,无法自行负担建造车棚的费用,教育局能否帮忙沟通财政局有关部门帮助解决?

工作人员:建造车棚应形成文字报告材料,上报教育局及财政局,经审批后解决。

教师A:我乡中心校××的女儿在××农村任教,2009年参加工作,2010年评定中二职称,与我校相同条件的教师相比工资高出400多元,为什么?我县教师与××县教师差距也比较大,××县教师的阳光工资我县有没有?我县能否争取与周边县市工资持平?

工作人员:我县属于国家规定的二类地区,××县属于一类地区,在边远津贴等津贴金额上与一类地区有一定差别,我县与××县工资差距主要在住房提租补助的比例上,这些都是地方政策差异,我县无权力更改。在我县阳光工资分为两项,分别是工作津贴和生活津贴,只是名称不同,在工资中都已经体现。

教师B:我爱人没有工作,每年我女儿的独生子女费领取的都是60元,我爱人的那部分60元去哪里领取?

工作人员:教育局会派专人负责积极沟通计生及财政部门,共同商定解决方案,一定会给教师满意答复。

教师C:我校中一和中高职称名额较少,很多年轻教师承担学校主要教学工作，由于中一职称名额较少，年轻教师没有机会参与评定，很不公平，我们这些年龄较大的教师，评定中一职称已经很多年了，由于中高职称名额较少，无法评定中高职称，工作热情受到打击，请问局长，能否增加职称名额，让更多的教师参与评定？

工作人员：我县对于每所学校的职称比例有明确规定，由于××乡中学教师基数比较小，所以名额也相对来说比较少，××中学在2013年评定为省级标准化合格学校，今后可以申报省级标准化优秀学校，这样比例就会增加，相应名额也会增加。

教师D：我县是否有拖欠套改工资情况？

工作人员：我县不存在套改工资情况，网上所说的套改工资是在其他县市。

教师E：我县教师住房公积金提取比例小于周边县市，为什么？能否改善？

工作人员：我县在职人员公积金提取比例为全额工资的8%，国家规定住房公积金的缴存比例为5%~20%，根据各地实际情况自行选择，我县所选取的比例是在我县财政能力基础上的合理比例，符合规定。

工作人员：关于我校几位教师有关周边市县工资高于我县、独生子女费拖欠、职称评定名额及住房公积金比例问题我都已经记录下来，我会在全县学校调研谈话之后梳理出全县教师提出的典型问题上报我县主抓文教卫生的领导，共同商定解决方案，争取早日给出让教师满意的答复并解决实际存在的问题。

言语表达

第五节 主题演讲的言语表达

一、主题演讲概述

演讲是一门独立的言语表达艺术。所谓演讲,就是把自己对社会某一现象或发展未来,运用演与讲的手段,借助有声语言(为主)和态势语言(为辅),发表意见、抒发情感、表达感情的一种交流活动。

主题演讲具有很强的沟通性、鼓动性、临场性和口语性。鲜明主题后面的发散性思维,站在全局视角的战略性思考,可以操作落地的战术措施,点燃激情的互动式启发,是主题演讲的四大元素。

古今中外成功的演讲者,能推动事业的发展,增强人们对社会现象的一种深度认识,激发百姓对现代生活的热爱,加深人们对人生的感悟。

优秀的演讲,或有理有据、逻辑严密,或机智幽默、妙趣横生,或慷慨激昂、豪气冲天,或声情并茂、引人入胜。它催人奋发、动人心弦、给人欢乐,让人增知识、明事理、长才干。人们常说"言为心声",演讲的背后体现着讲话者的感情,蕴含着讲话者的思想,彰显着讲话者的才干和作风。演讲是公务人员在行使主管职能及相应的政务活动中必不可少的一项工作。它不仅与所承担的工作职责密切相关,而且也是现代公务人员必须具备的能力和素质。一名公务人员的演讲风格直接反映了他的领导风格，能不能讲出水平、讲出效果，是不是讲真话、说实话，既反映了一名公务人员的能力素质，又体现出其思想作风，还会影响公务人员的人格魅力和亲和力。

主题演讲是演讲者做好充分准备的基础上所做的演讲。一般情况下，主题演讲能使演讲者有足够的时间写好演讲稿，并进行精心设计和反复演练。主题演讲是公务人员的一种社会实践活动，是演讲活动中最基本的、也是运用最广泛的演讲方式。

确定了题目或主题的演讲，主要把握以下几个过程：

1. 精心策划主题后的反复推敲。主题演讲是按照规定好了的题目或者主题进行的演讲，所以反复推敲主题就是一个非常重要的前提。如果没有反复推敲，就有可能偏离演讲的主题，写出来的演讲稿也可能会"下笔千言，离题万里"。不论是演讲者自己选择题目还是使用给定的题目，都需要认真审核。一是选题的角度问题。同样的一个话题，演讲者可以从不同的角度切入，但是切入的角度要新、要适度。新，就是创新，要避免和别人的观点相同或者相近，要有自己的想法和创新，要尽可能地给人耳目一新的感觉。适度，就是演讲题目的角度要适度。角度太大就不容易把握，也很难讲得透彻；角度太小，则又显得容量不够，内容不够充实，也显示不出演讲者的特色和水平。二是要懂得扬长避短，发挥优势。主题演讲主题确定后，在创新的基础上，发挥自己的优势，选择自己的长处表现出来，就能完美地表现自己的演讲艺术。比如考虑到自身优势和听众需求，选择双方感兴趣的题目，创造性地加以放大。

言语表达

一个精彩出众的题目,是成功的一半。一个好的题目既能让听众明白演讲的内容,又能提高听众的兴趣,更是对演讲内容的一个高度概括。要把握主题的时代性,适应时代的发展,适应社会的需要,有发展的眼光。题目要窄而深,不要太宽泛,也不要很多的主题词。题目可以单一,讲的内容也可以有所偏重,讲到了核心和本质的问题就是好的。

2. 精心选材后的创造性应用。论点是演讲的骨骼,材料就是演讲的肌肉。在演讲的准备阶段,演讲者要学会如何搜集和选择适当的材料。"知识爆炸"的大数据时代,选择优秀的材料也是一门深刻的学问。首先,要确定选材范围,有了范围才能有所应用,在演讲的时候才会用得上。其次,选材要有力而且有用,有一定的选择标准,对材料进行优化组合,创造性地应用。演讲中运用的材料既要能恰当地表现主题,也要能满足听众的需要,既要真实典型,又要具体新颖。

3. 精心构架后的定稿。主题演讲的构思要考虑两个方面:

一是构思演讲稿的构架,包括开场白、主体、高潮、结尾等,这实际上要结合材料进行适当的安排和处理。

二是设计演讲的现场流程。演讲的现场是不能主观决定的,存在很多临时性和突发性的状况,演讲者可以在事先进行精心设计,预想效果,反复演练,演讲者在构思演讲稿的时候,就应该考虑现场的效果和听众的接受情况,在演练的过程中将演讲细节突出,做到心中有数。这种演讲的设计和设想,包括各种演讲技巧的运用,如手势、眼神、肢体语言、语气和语调等,这是主题演讲一个不可缺少的环节。在初步设想后,可以将演讲内容撰写成文,然后再进行演练。演讲稿的写作也不是一蹴而就的,要经过反复的修改和推敲。

4. 精心练习演讲的结构性与精细化的重点。演讲前的反复练习非常重要,"台上一分钟,台下十年功"。演练主要包括背诵和处理演讲稿。演讲中,演讲稿虽然重要,但如何表现演讲稿的特色、如何完美地进行演讲,也是一个不容忽视的问题。主题演讲中,有不脱稿的演讲和脱稿的演讲,但是不论怎样,都要求演讲者对演讲稿的内容非常熟悉。演讲,不是对演讲稿的背诵,不能照着稿子念,也不能照着稿子背。演讲稿只是一个文字的记录,只是让演讲者心里有底,但是文字稿中无法体现语气语调、停顿甚至手势、表情等方面的内容,而这些都只能通过演讲者反复的演练才能体会出来。当然,在真正演讲的时候,演讲者可以有自己的发挥。所以,演练阶段尤为重要。

演练中的精心处理,主要包括以下几个方面:

一是要对演讲稿熟练在心,即通常所说的背稿。这里所说的背稿不是简单地将内容记下来,而是要把停顿、断句句型和章节的音色处理、音调运用及情感注入一并熟记在心。

二是感情融入的处理。要根据演讲稿的内容,做出相应的反应,或平实,或激昂,或欢快,或悲壮。如果感情的基调把握不好,就很难将演讲稿所要表现的思想感情准确地表达出来。演讲稿写得再精彩,演讲的效果也不会好。

三是语调、音色的运用。即对语气、语调等方面的把握。将演讲稿转化为语言,首先要注意语调,演讲中的言语表达应该是抑扬顿挫的,有感情起伏的,不能出现念稿和背稿的痕迹。

言语表达

但是演讲的语调也不能太夸张,不能过头,过头了就有些装腔作势,就不是演讲了。演讲既要自然地表达感情,又要艺术化地处理感情,要充满激情,也要正确地表达。同时,要注意全局把握演讲的感情,不要拘泥于某一个段落、某一句话甚至某一个词语。好的音调、音色处理有助于推动演讲的主题,再现形象化的联想。

四是肢体语言的运用。在演讲中对服饰、手势、身姿、表情的处理是演讲的增值元素。肢体态势的可变性和随机性比较强,不是能够完全设计好的,只能大体把握。另外,细节方面和关键之处可做适当的设计。演讲者在演讲台上应付自如是本真。

5. 精心做好现场演讲的情绪处理和激情再现。事先的所有准备都是为了登台演讲。所以,演讲者在正式的演讲阶段,要注意以下几个关键之处:

一是激情亮相。听众在演讲者一上台就能看清楚演讲者的所有面部表情。如果演讲者的亮相给人印象好的话,就能于无形之中加分。演讲者登台亮相,应首先站定,然后抬头看听众,可以扫视全场,也可以轻轻点头或者鞠躬,以表示对大家的感谢和问候。登台亮相要表现出端庄大方,亲切自然,给听众创造一种轻松的、良好的氛围。

二是说好第一句话。开场白不仅要开得好,而且要开得妙。开场白既要扣题,又要营造气氛。演讲的开头可以有不同的方式,可以自我介绍开头,形成亲切感;可以是设问开头,用问题引发听众的兴趣;可以是叙事开头,用故事吸引听众;可以通过实物展示开头，给听众以直观的印象和感受。总之，不论怎样，精彩的开场白能在瞬间就抓住听众的心，甚至几句话就能使现场变得火爆，掌声、笑声不断。在演讲稿的设计中，有对开场白的设计，所以只要演讲者按事先的演练临场表现出来就行了。但是，也会有现场和想象出现不吻合的情况，这就需要演讲者根据现场情况做出相应的调整。好的开场白能够奠定全场的感情基调和气氛，开头精彩就会引起听众的兴趣，演讲者也能轻松上阵，发挥自己的最佳水平。

三是把握和控制好演讲的全过程。演讲也需要高潮，没有高潮的演讲，是平淡、乏味的。演讲的高潮表现在听众的全身心投入，掌声、笑声、欢呼声不断，现场形成强烈的"共振效应"。演讲者可以通过造势和强化等方法来制造演讲的高潮。演讲者运用情感铺垫等方法造势，利用语言、手势、表情等来加强情感的表达。高兴的事情，可以说得眉飞色舞；伤心的事情，可以说得潸然泪下；气愤的事情，可以说得咬牙切齿。这样听众也会感同身受，产生共鸣，从而达到高潮的效果。高潮的突出和强化，还可以通过修辞和语气来实现。修辞方面，主要是运用反问、比喻、夸张、排比等来加强语气，这些修辞手法可以使演讲的语言不单调，更有起伏，而且能够更加形象生动地说明问题，情动之处也更能打动人心。语气方面，则是指演讲者在演说过程中的抑扬顿挫的语调和时而缓慢、时而迅速的语速等，可以更好地表达出演讲者的感情，也会使演讲有节奏感。演讲中段落的过渡和收尾的处理也是重要的。过渡自然、承上启下，结尾呼应和简短有力，都是演讲中应该注意和把握的。

二、主题演讲的言语表达特点

主题演讲能充分体现公务人员的言语表达能力和综合素养。主题演讲有自身的目的性和组织者的主观意图。其目的性主要包括：

授业启智。即以传授科学技术知识、交流学术见解和治学经验等具有很强专业性的演讲，开发启迪听众，从而扩大自己见解的影响，同时使听众的知识层面有所拓展、有所长进。

示范训练。通过主题演讲，使听众得到正确的范例，从中受益。在此类演讲中，演讲者往往是根据自身情况，列举出相当多的例证，使听众根据需要取其所长，共同进步。

选拔考核。指通过组织主题演讲来考核选拔人才，是现今社会用人单位普遍采取的一种方式。

观摩交流。即以交流思想、情况，相互学习，推广经验为主要目的演讲。

工作交流。通常是政府部门或各单位行政人员出于推动工作的需要组织的具有规范性的主题演讲。

文艺娱乐。即带有浓郁艺术色彩，以娱乐身心为目的的演讲。

礼仪交际。出于礼仪或交际的目的而发表的演讲，如外交场合的迎送词、答谢词等。

主题演讲的目的并不止有上述几种，而且在具体操作中往往不是以单一的目的出现，而是相互交融的。

公务人员常见的主题演讲类型有部署性演讲、指导性演讲、动员演讲、慰问演讲、纪念演讲、学术演讲、交流演讲等。

主题演讲是公务人员的一种社会实践活动，是演讲活动中最基本的、也是运用最广泛的演讲方式。主题演讲具有以下几种鲜明的特点。

1. 演讲结构完整，具有严谨性。主题演讲无论是主题的确定、材料的选择、演讲稿的设计，还是演讲过程都是经过周密安排、精心设计的。主题演讲的讲稿尤其要精心、细致，是撰稿者智慧的结晶。材料的选择和思想的表述是主题演讲的关键。演讲的结构严谨，论点鲜明，论据充分，虚实相生，疏密相间，跌宕有致，主干鲜明，节奏明快，是演讲的重要组成部分。演讲者的语音语调、语速快慢、对自己的着装打扮设计都争取完美。因此在演讲过程中，除了根据现场实际，临时采取一定的应变措施之外，很少改变演讲者原先的设计，随意性比较小。

2. 演讲的内容充实，具有稳定性。主题演讲要求演讲的内容与主题一致，而且要言之有物，不能不着边际，内容要充实、实用，具有稳定性。主题演讲的听众在事先也知道演讲的主题，因此他们也会有一定的心理预期。所以，在演讲之前，演讲者要基本上确定好自己演讲的内容，然后写成演讲稿，在正式演讲的时候，内容基本上没有变化。优秀的演讲家有"讲台上的作家"之称，优秀的主题演讲本身就是一部优秀的艺术作品，一般具有不朽的艺术生命力，不会因时间的流逝而消失，也不会因时代的变迁而削弱。历史上许多演讲名篇，正是以其深刻的思想和独特的艺术形式而永葆青春，直到今天仍被人们广泛研读。

3. 演讲的主题鲜明，具有针对性。有的放矢，有感而发，这是主题演讲的又一鲜明特点。主题演讲是对事先规定好了的主题或者题目的演讲，所以要求演讲者在演讲时主题鲜明，具有针对性。不论是学术演讲、演讲比赛，还是会议报告、典型发言，演讲者都要针对已经确定的主题或者题目，进行演讲稿的写作，做到主题鲜明，有针对性。学术演讲在有针对性的基础上，要注重专业性、科学性和独到性。典型发言则要具有实用性、适用性和典型性等特点。实践证明，演讲者越是熟悉社会，了解听众，就越有针对性。演讲的针对性越强，效果就越好。

三、主题演讲的言语表达常见问题

1. 说话无序，口头禅明显。口头禅被认为是不良的说话习惯，指那些令人讨厌的"嗯""啊""你知道的"等与演讲毫不相关的废话。如果演讲者频繁使用口头禅，会干扰听众的聆听。口头禅本身具有一定的特点，它常常在演讲者进行观点、概念转换时出现。

克服口头禅的前提是对其本质有所认识。就个人而言，应该明确口头禅对主题演讲的影响到底有多大。演讲者可以利用录音机进行记录并检查或者请其他人帮你听听。采用这样的方法进行检查和练习会很有帮助，因为演讲者在进行概念转换时会有所提防，而转换本身也因此日益流畅。

2. 逻辑不清，杂乱无章。有的演讲材料过于庞杂，讲起来叫人摸不着头绪。还有的内容不合逻辑，妄加论断，或者不顾事实，主观臆断。有人演讲用的是书面语言，使人感到艰涩难懂。演讲时要尽量避免使用书面用语，更不要"文夹白"，使用口语，善于用简单明了、通俗易懂的语言演讲，坚决摒弃晦涩难懂的词语。文章贵短，演讲也应该长话短说。

3. 冷漠乏味，豪言空谈。言之无物、空洞的表达是演讲中的一大禁忌。现实中那些不结合当时、当地的实际的空头言论太多了。还有的人演讲时毫无表情，呆若木鸡，甚至肌肉紧绷，脸色铁青；有的人缺乏演讲情趣，语言冷淡，没有抑扬顿挫、真情实感，演讲乏味，听者如同嚼蜡。这些都严重影响了演讲的质量。另外，在演讲时忌出奇出怪，要尽量讲清楚、讲明白，这也是对演讲最基本的要求。

4. 情绪紧张，表述混乱。演讲者经常会在演讲之前感觉到紧张不安，其实这是一个很正常的现象，适度的紧张可以使你用更加严谨的态度来面对演讲。因此，演讲者要学会控制自己的紧张感，让紧张感成为动力，而不是障碍。想要克服演讲过程中的紧张情绪，首先要把自己的精力全部集中在话题上，其他的一切都暂时地抛在脑后，然后就是建立自信。你不可能对你手上的话题一无所知，那么你要做的就是抓紧时间，联系一切可以联系的内容，确定最有利的观点，将其展开。最后就是要调整好心态和情绪，以最好的状态上台。

5. 感情把握不当。演讲者如果登台只讲大道理，理论一套接一套，一句幽默的话也没有，一个生动的比喻也不运用，通篇也没有经验性的事例，板着面孔，不苟言笑，十分严肃，这种演讲很难让人接受。没有情感释放的纯理论性阐述，再加上

言语表达

一副冷冰冰的面孔，这样一种拒人千里的态度，怎么能够让听众用心去倾听呢？其实，许多演讲都是要说"理"的，但直接送"理"未必会被听众接受，因此，演讲者要学会以情送理、以趣运理。另外一些演讲者的演讲并不缺乏感情，抒情色彩不可谓不浓，也不能说不真，但就是打动不了听众。他们或者通篇抒情，或者抒情不讲究方法，造成抒情不到位或是太过夸张。因此，演讲的过程中要做到适时抒情，另外，情感在表达之前也需要蓄势，水到渠成方能打动人心。

主题演讲时的八个忌讳，可以总结如下：

一忌语无伦次、文不对题的废话；

二忌混淆是非、文理不通的胡话；

三忌子虚乌有、故作高深的玄话；

四忌信口开河、华而不实的俏话；

五忌含糊其词、模棱两可的混话；

六忌平淡乏味、附赘悬疣的空话；

七忌低级趣味、风花雪月的粗话；

八忌千篇一律、如出一辙的套话。

四、主题演讲言语表达要把握的要点

（一）主题演讲的开头表达技巧

好的演讲开头能给听众留下深刻的印象，能够抓住听众的心，那么演讲就已经成功了一半。演讲的开头又叫开场白，它在演讲的结构中处于醒目的地位，具有特殊的作用。俗话说，万事开头难。

演讲的开头是演讲者向听众出示的第一个也是最重要的信号,这个信号是否能够表现出优秀演讲的特征,即是否具有吸引力,对于演讲的成败往往具有决定性的意义。因为开头担负着两项任务:一是引起听众的兴趣和好感,创造融洽的气氛;二是确定格调,引入主题。主题演讲的开头没有固定的格式,它取决于演讲的内容、环境和听众的情况。它的基本要求应该是:服务主题、言简意赅、引人入胜。主题演讲的开头是多种多样的,下面介绍常见的几种:

1. 开门见山,揭示主题。这是主题演讲比较常用的开头方法,它的好处是能让听众一开始就明白演讲者的演讲主题,符合现在生活在快节奏时代中人们的心理。有的人演讲,开头常讲一些没有必要的客套话。其实,这些客套话并不一定是出自本心,只不过是受了陈规旧习的影响,人云亦云,令人听来索然无味。一般政治性或学术性的讲稿都是开门见山,直接揭示主题。例如,比尔·盖茨在他的《比尔·盖茨的忠告》演讲中是这样开头的:"每年都有好几百位同学给我发来电子函件,征求我对教育方面的意见。他们想知道他们应该学什么,想了解如果像我这样从大学退学是不是正确的。有少数家长还来信来电征求我对子女教育的意见,他们问我应如何引导子女走上成功之路。"

2. 巧妙提问,引发奇想。以巧妙提问开头的演讲,虽属常见,但提问得巧妙就能引人入胜。例如,一个演讲者这样开始他的演讲:"关于青年与祖国的关系,人人皆知。但是,我想提个问题,谁能用一个字来概括呢?"全场立刻静了下来。接着演

言语表达

讲者又说:"可能有人会说是'希望'……"话刚出口,坐在前面的人脱口而出:"不对!'希望'是两个字……"这种开头不仅使听众产生兴趣,而且迫使听众同演讲者一同动脑思考问题,把注意力都集中到演讲上来。需要注意的是,提的问题不能过多,一般一个就行,关键是达到了抛砖引玉的效果就行。再如演讲《怀才不遇的时候》的开头这样说:"在我们青年人当中,最容易见到怀才不遇的人,最容易听到怀才不遇的话,不少人冷眼看世界,撇嘴论英雄。我不禁想问,我们真的怀才不遇吗?"

3. 说明情况,清晰明了。例如,恩格斯《在马克思墓前的讲话》的开头:"二月十四日两点三刻,当代最伟大的思想家停止思想了。让他一个人留在房里总共不过两分钟,等我们再进去的时候,便发现他在安乐椅上安静地睡着了——但已经是永远地睡着了。"这个开头对事情发生的时间、地点、人物做了必要的说明,为进一步向听众揭示主题做准备。运用这种方法开头,一定要从演讲的主题出发,不能信口开河,离题万里,使听众不知所云,还要防止笼统地使用一些陈旧的套话、空话,破坏听众的胃口。

4. 名言警句,引人深思。使用名言警句开头的好处是,名言警句都是大家耳熟能详的,并且具有某种权威,许多人对名人都有一种崇拜感,所以,引用他们的话就具有权威性和说服力。但在引用名言警句时要尽量引用原文,不要以讹传讹,更不能断章取义。如演讲《叶的事业》的开头可以这样说:"雨果曾经说过,'世界上最广阔的是海洋,比海洋更广阔的是天空,比天空还要广阔的是人的心灵'。幼儿教师,正是塑造儿童心灵的工程师……"演讲者的开场白完整地引用了雨果的名言,为后面的论述做好铺垫,让演讲更富有力度。

5. 故事幽默,引人入胜。演讲者运用的故事要有幽默感,而且要与演讲主题相关,立意不同凡响。有一位演讲者开头先介绍他刚经历的一件事:上班了,大家陆续来到办公室,发现最早来的一个人在仰望天花板,大家也都仰起头来。好久,没有发现什么异状,但大家还是引颈仰首。最初仰头的人反而产生疑问"你们都在看什么?""我们都在看你在看……"那人哑然失笑:"我刚才点了滴鼻药。"这一位演讲者非常善于讲故事和运用幽默,大家听了这样的开头,自然哄堂大笑,接着顺利引入正文。

6. 赞美称颂,引发共鸣。大多数人是喜欢听赞美的,因此,演讲者开始演讲的时候,可以对当地人民的善良勤劳、热情助人表示赞颂,或对当地的自然风光、悠久历史、传统风貌等表示自己由衷的敬佩之意。这样,容易引发听众的自豪感,满足他们的自尊心,从而获得听众的认同,使自己接下来的演讲在愉快的气氛中进行。

7. 生活体会,唤起思考。这样的开头是借助某些日常生活小事、个人经历、亲身体会,唤起听众的注意,同时使它成为与主题有关的媒介或与演讲的主要内容衔接起来的因素。其长处是朴实、平易、个性强、观点鲜明。

8. "反弹琵琶",恍然大悟。演讲开头时,为了获得某种特殊的表达效果,在某种特定的场景中,演讲者也可以置听众正

言语表达

常的思维定式和理解意向于不顾，有意反其道而行之，这就是演讲的"反弹琵琶"。实践证明，恰当地运用反弹琵琶技巧，往往能够使演讲内容具有新奇性和吸引力，引发听众的强烈兴趣，从而收到独特的表达效果。

公务人员在做主题演讲时，开场白要充分考虑场合、听众、主题以及自己的身份，恰到好处地运用以上这些表达技巧。诚然，在新媒体时代，随着听众获取信息的渠道以及品位的提升，任何好的开场白都是演讲者精心策划和思考的结果。

(二) 增强主题演讲效果的有效途径

对于公务人员而言，演讲是进行公共活动的得力工具，是实现公共管理和树立威信的主要途径，是展现和提升自身能力的重要渠道。而优秀的主题演讲离不开话语选择、肢体语言和情感表达三个途径来增强公务人员的演讲效果。

1. 话语选择。公务人员做主题演讲，常常用于宣传政策、布置工作、团结群众、开展公共活动等，言语表达水平高低直接关系到工作的成效，话语的选择是公务人员主题演讲活动最基础的工作。

一要善于讲新话，不讲老话。"新话"即理念新、表达方式新，能揭示事物本质、预见事物发展趋势，言语新鲜活泼、生动又富于变化。新话从哪里来？主要有三个途径：一是深入到群众中去，从群众鲜活生动的思想和语言中汲取营养。二是公务人员平时应注重学习新知识、接受新观点、掌握新信息。视野宽了，积累多了，讲起话来才能驾轻就熟。三是公务人员作为各项方针政策及法律法规的执行者，要善于创新，有自己的独到见解,创造性地进行阐述,既能使群众更好地理解、接受和掌握,又能使党的路线方针政策真正深入人心。

二要讲实话真话,不讲空话假话。在一些场合讲真话可能会使人不悦,说假话可能会令人眉开眼笑,但说假话造成的后果也是相当严重的。一是欺骗领导,导致上级部门的决策出现偏差,给社会发展造成不良后果。二是欺骗群众,使得政府公信力降低,干部形象受损。三是害人害己,一个领导干部听不到下级的实话真话,在工作中也就不可能出实招办实事。

因此,做一个求真务实的公务人员,首先要讲实话、真话,只有这样,才能实实在在地去面对并解决存在的问题,维护好群众的利益。

三要善于讲短话,不讲长话。公务人员能讲短话,是言语表达、思想成熟和工作能力的体现,这需要长期学习和积累。首先,要强化缜密思维的能力。缜密的思维不仅能有效地避免非理性因素造成的言辞冲动,还能使言辞表达更精练、更准确、更富有逻辑性。其次,要培养高度概括的能力。公务人员只有具有高度概括的能力,才能迅速把握表达的要点,抓住事物的本质。最后,要提升言语表达能力。学会运用有效的表达方法和技巧来言简意赅地表达深刻的思想内容,这样讲话才能有的放矢、抓住关键。

四要善于讲自己的话,不讲官话。"自己"的话就是自己体会最深、群众又喜闻乐见的话。现在一些干部讲话不动脑子,直接套用上级的话,或是从报刊、书籍上摘抄下来生硬地拼在一起的话。这样的话听起来毫无新意,让人感觉内容干瘪,缺乏生活的真实。公务人员的"话风"连着作风、反映党风,因此,公务人员应端正"话风",形成用"自己的话"讲话的风气。

2. 肢体语言。肢体语言,是指通过头、眼、颈、手、肘、臂、身、胯、足等人体部位的协调活动来传达人物的思想,形象地借以表情达意的一种沟通方式,肢体语言是演讲的重要元素。

(1) 服饰。服饰虽然是外在的,但具有信息传播功能,它能显示人的职业、爱好、性情、气质等。在演讲者未开口说话前,服饰是给予他人的"第一印象"。因而,演讲者的服饰应整洁大方、庄重朴素、轻便协调、色彩和谐。一要符合自己的年龄、职业和身份;二要符合自己的脸形、肤色、身材的特征;三要符合民族审美意识;四要符合演讲内容、环境和场合。

(2) 身势。演讲者从上场到下场,一举一动、一言一行都会给观众留下深刻印象。任何一个闪失都会影响演讲的效果。听众尤其对演讲者傲慢的态度、轻佻的作风、随便的举止,极为反感,因此,要不卑不亢、雍容大方、彬彬有礼,才不失身份。

(3) 目光。眼睛是心灵的窗户,人的喜怒哀乐都可以通过眼睛反映出来。演讲者应尽量用眼睛与听众交流情感,学会用注视的目光调动听众的情绪。一是扫视,从左到右,从前至后,慢慢移动。刚上台时扫视,能调动听众的注意,起镇场作用。演讲中扫视,可以与听众的眼神保持接触和交流,了解他们的反应,及时调整语言和内容。二是对视,目光注视某一对象,与听众视线交流，可以使对方在心理上增加对你演讲的兴趣，也有被尊重的满足感。三是虚视，视而不见，把目光散在听众的中部或后部，可消除紧张心理。这三者应根据内容的变化交叉运用。

（4）面部。直面听众，听众首先看到的是脸，听众要通过脸的表情来确认内容是否真实。所以，面部表情在表达人的情绪、情感和态度方面，要比有声语言更明确、更有感染力，也更容易被接受。表情自然，笑从心里笑，泪从心里流，才能打动听众。

（5）手势。手势语是通过手和手指活动传递信息，是肢体语言的重要组成部分。手势变化很多，表达内容丰富，具有极强的表现力和吸引力。例如，手心向上、胳膊微曲、手掌稍向前伸，表示请求、承认、赞美、欢迎；手心向下、胳膊微曲、手掌稍向前伸，表示神秘、否认、压抑、不喜欢等。

3. 情感表达。声情并茂是主题演讲的感染力之所在。如何处理"声"与"情"的关系，把握"声"与"情"的结合，也是主题演讲的重要技巧之一。真情实感来自对内容的真切感受，对听众要有真情实感。"自己先笑，才能引起别人脸上的笑，你要我哭，首先你自己得感觉悲痛，你的不幸才能使我伤心。"

首先，肢体语言和有声语言要紧密配合。演讲虽然是以有声语言为主，但优美得体的肢体语言对感情的表达也起着重要的辅助作用；它既能调节和平衡演讲信息，又可有效地提高口语表达的准确性，还能吸引听众注意力。只有肢体语言和有声语言紧密配合，才能做到身体和情感的和谐统一。

言语表达

其次,要用理智控制自己的情感。不能失声痛哭以至于讲不下去,或高兴得前仰后合、手舞足蹈。

最后,整个主题演讲要保持基调一致。整个演讲是兴奋的、悲伤的,还是活泼的、庄严的,要尽可能前后一致。不可在一场演讲中忽而大喜,忽而大悲,大起大落,一惊一乍,不要把两种相反的情感同时推向最高潮。情感转换要过渡自然,以免听众毫无心理准备,难以接受。过渡时,前种情感由强到弱,后种情感由弱到强。

案例

××市老干部局以"讲奉献,有作为"为主题的演讲稿

党中央在全党开展的"两学一做"学习教育,明确要求广大党员干部争做一名"讲政治、有信念,讲规矩、有纪律,讲道德、有品行,讲奉献、有作为"的合格党员。而讲奉献、有作为就是要践行党的宗旨、保持为民本色,敢于职责担当、善于展示作为,在促进改革发展稳定中当好标兵、做好模范。作为老干部工作部门的公务人员,从事的是一项政治性、政策性、服务性很强的工作,职责重大、使命光荣,应以爱岗敬业、不负重托,淡泊名利、甘于付出,勇于担当、敢于负责,奋发进取、用心成事的实际行动,自觉地在践行讲奉献、有作为上当好先锋。

要讲奉献、有作为,就务必爱岗敬业、不负重托。爱岗敬业既是个人生存和发展的需要,也是社会存在和发展的需要,

是对人们工作态度的一种普遍要求。作为从事老干部工作的党员干部,要始终秉承按照一张笑脸迎进、一把椅子让座、一杯热茶解渴、一句尊言相称、一句问候贴心、一丝不苟办事、一腔热情释惑、一声慢走扶送的"八个一"程序,用微笑的面孔接待老干部,用舒缓的语气同老干部交谈,用认真的态度记好老干部的诉求,透过以儿女般的真心对待每位老干部,以晚辈似的真情关照每位老干部,让老干部感受到家庭般的温暖。

要讲奉献、有作为,就务必淡泊名利、甘于付出。有道是:知足常足,终生不辱;知止常止,终生不耻。作为从事老干部工作的党员干部,要始终具有工作很辛苦的思想准备、工作很重要的思想认识、工作很光荣的思想境界,以任怨的恒心、任劳的耐力,正确对待为老干部服务受到的冷遇,不怕看冷面孔、坐冷板凳、听冷言语,甚至遭误解、受冤屈;以不计名利得失的平常之心,去除攀比心理,自觉树立平民意识,忠于平凡工作,保持平静心态,甘于平淡生活,以淡泊明志、宁静致远的情怀,正确对待个人的名利地位、得失成败,注重把甘于清贫、乐于付出的时代内涵,贯穿到对老干部工作的热爱之中,体现在爱岗敬业的行动之中,实践在勤奋忘我的工作之中。

要讲奉献、有作为,就务必勇于担当、敢于负责。勇于担当、敢于负责是我们党的政治本色,是中华民族传统的精神品质,也是共产党员的基本素质。作为从事老干部工作的党员干部,面对大是大非要敢于大胆亮剑,面对矛盾要敢于迎难而上,面对危机要敢于挺身而出,面对失误要敢于承担职责,面对歪风邪气要敢于坚决斗争;自觉破除廉而不为的风气,以精神抖撒的干劲、夙兴夜寐的状态，始终把提高老干部幸福指数的职责记在心上、扛在肩上、落实在行动上。

要讲奉献、有作为，就务必奋发进取、用心成事。保持昂扬的奋发进取之志，是干好工作、成就事业的前提，是保持坚定的理想信念、纯洁的道德操守、崇高的事业追求、饱满的工作热情和务实的办事作风的集中体现。作为从事老干部工作的党员干部，最大的心愿就是保证每个老干部的待遇落实到位，使他们的晚年老有所养、老有所医、老有所教、老有所学、老有所乐、老有所为。奋发进取需要勇气，也需要潜力。在实际工作中，要始终以强烈的知识恐慌感、本领危机感，自觉地把加强学习、提高素质当成履行职责、践行使命的重要手段，通过集中培训、岗位练兵、互动交流、业余自学等多种途径，坚持不懈地学理论、学政策、学科技、学管理，不断完善知识结构，提升综合素养。始终把老干部拥护不拥护、赞成不赞成、高兴不高兴、答应不答应作为检验工作的根本标准。

老干部是党和国家的宝贵财富。作为从事老干部工作的党员干部，有幸能为老干部服务，应感到无上光荣！能为老干部幸福晚年生活尽微薄力量，应感到十分欣慰！中共中央办公厅、国务院办公厅出台的《关于进一步加强和改进离退休干部工作的意见》，更加明确了老干部工作的职能定位、价值取向、原则要求、职责规范，今后要进一步聚焦主业、履行主责，坚决克服等的观望思想、靠的依靠心理、要的畏难情绪，深入谋划、狠抓落实，更好地让党的政策惠及每一位老干部，让他们在亲情服务、悉心照料下安度晚年、颐养天年。

第六节　竞聘演讲的言语表达

一、竞聘演讲概述

竞聘演讲也称竞职演讲。竞聘是为了得到某一职位而开展的竞争；演讲是为了宣传思想、阐明主张，以期达到吸引人、说服人、鼓舞人或争取听众拥护和支持的目的而进行的正式语言活动。竞聘演讲即为了得到某一职位而进行的宣传自己思想和主张，目的是让用人单位了解和聘用自己的正式语言活动。

公开竞争、择优选聘是各级党政机关、企事业单位选拔任用干部的重要途径和有效方式，也是我国现阶段人事劳动制度改革的一个主要形式。在公开招聘干部、职工过程中，竞聘演讲是至关重要的一环，在现代社会扮演着越来越重要的角色，竞聘者要想"中标受聘"，演说"施政纲领"将起关键作用。通过竞聘演讲这一过程，能够比较全面地反映竞聘者的基本情况和素质，向在场的听众"营销"自己，它既是竞聘者能否被聘用的重要依据，又是组织人事部门用以考核干部的重要档案资料。一次成功的竞聘演讲，能高度吸引听众对其演讲的注意力，让听众产生共鸣，最终达到说服听众采取竞争者所希望采取的行动。反之，不成功的竞聘演讲不仅对听众影响甚微，还可能产生竞争者不希望看到的负面影响。

二、竞聘演讲的言语表达特点

竞聘演讲是演讲的一种,它具有演讲的一般特点:口语性、群众性、时限性、临场性、交流性等。但由于它是针对某一竞争目标而进行的,所以除了这些共性外,它还具有"个性"。

一是目的性。竞聘演讲的目的是通过阐述自己的基本情况、优势、工作想法等内容激发听众的情绪,宣传自己,从而获得领导的支持和认可,在竞聘者中"中标受聘"。有的放矢地确定主题、选择材料、撰写文稿,演讲过程中晓之以理、动之以情,充满鼓动性,都是为了激发听众的情绪,达到宣传自己的目的。

二是针对性。凡事都因为性质不同而要讲究场合、火候和分寸。竞聘演讲针对的是特定的工作岗位或职务开展的言语活动,这就要求竞聘者围绕竞聘的工作岗位和职务开展演讲,重点演讲自己的态度、符合岗位特点的优势、符合岗位需求的目标措施等。

三是多元性和单一性。多元性是指竞聘演讲参与者较多,至少是两个以上人员开展演讲竞争,竞聘者需要在多元的演讲环境中获得评委们的青睐,赢得成功。而竞聘演讲的听众是单一的,主要是由招聘单位的领导人、人事部门的负责人或有关专家组成的评委会,属于极具特殊性的一类听众,听众构成比较单一。

四是专业性。竞聘演讲要把握好语言风格。在言语表达上,竞聘演讲要多用符合口语表达习惯和听觉习惯的句子,讲究语言生活化、口语化、大众化,多用短句子,注意长短句交叉合理，不说错话，不说外行话。还要注意其与一般演讲词的区别，不宜刻意追求气氛烘托和渲染，少使用带有文学色彩的语句等。

五是时限性。竞聘演讲都有非常具体的时间要求和限制，演讲者不能想讲多长时间，就讲多长时间。这种时间的限定性，要求竞聘者根据限定的具体时间准备竞聘演讲，不要因为超时而影响演讲效果。

三、竞聘演讲的言语表达常见问题

好的演讲内容和技巧决定了你能否在竞聘中脱颖而出，达到自己竞聘的目的，对于个人的事业发展有着举足轻重的作用。然而，在竞聘实践中，有很多竞聘演讲发挥不到位、不规范，无论从内容阐述还是言语表达上都不同程度地存在这样或那样的问题，以至于严重影响了竞聘的质量，甚至直接影响了竞聘的效果。

一是音量失控。在竞聘演讲过程中，声音洪亮、有力是个必要因素，需要让评委、观众听得清清楚楚、真真切切。有的竞聘者当众讲话时，音量较小，致使评委、观众听得十分吃力；有的竞聘者当众讲话时，音量较大，甚至声音很尖锐，有些刺耳，致使评委、观众听得很不舒服；有些竞聘者当众讲话时，竞演前期音量较好，可是由于缺乏平日的语音训练，到竞演后期，语音控制不住，声音有些沙哑，结尾处需要情感激昂表达时音量失控。

二是语速掌握不好。语速就是说话吐字的频率，它直观地呈现在评委、听众面前。有些竞聘者语速较快，这样在紧张的

言语表达

环境下容易出现表达混乱、吐字不清的情况，而且表达的一些信息难以在短时间内被评委、听众理解；有些竞聘者语速较慢，这样有些时候可能反映出竞聘者思维表达能力存在问题，有些时候无法持续地吸引评委、听众的注意力。

三是不重视语调变化。语调就是说话的腔调，功用在于表达整个句子的意义和感情，有升调、降调、平调等多种调型。在竞聘演讲的过程中，竞聘者应根据内容、现场情况适当变换自身的语调，注重字词的重音，给评委、听众留下抑扬顿挫之感。很多竞聘者在演讲中经常从头到尾就使用平调这一种调型，没有相应的语调变换。这样的语调表现很容易使评委、观众注意力分散，竞聘者无法持续地吸引他们的关注。评委、观众会观看竞聘的整个过程，时间长了会感到疲惫，而且很多同质化的稿件会使他们的注意力不太集中。如果6分钟左右的现场表述中没有语调的相应变化，没有利用重音强化自己稿件中的重点内容，那么演讲效果会大打折扣。

四是出现口头禅。很多人在语言表达时都会有口头禅，例如这个、那个、嗯、啊等。这是与个人的语言习惯、学术背景有一定关系的。在竞聘演讲的舞台上，由于竞聘者精神高度紧张，他们表达时出现口头禅的概率很高。经常出现口头禅会让评委认为竞聘者思维不连贯、不清晰，表现得紧张不自信，对于竞聘的准备不充分、不到位，影响竞聘者的演讲效果。

五是语音不准确。很多地区是方言区，竞聘者会说一些方言，平时是无伤大雅的，可是，在竞聘演讲的过程中，竞聘者应该以普通话表述为主，毕竟这是一个特别正式的场合。有些时候，由于方言区的限制，竞聘者的一些发音存在一定问题。普通话是企事业单位的工作语言，是一个公务人员必备的言语技能，若在演讲过程中都不能用普通话表述，竞聘者的工作能力在评委眼里就会有瑕疵。

六是竞聘者心理素质差。很多竞聘者站在竞聘演讲的舞台上，面对几十双甚至几百双听众的眼睛，会产生紧张害怕的心理。例如，额头冒汗，双腿发抖；有的嗓子发干，演讲时紧张得声音发颤；有的不敢用自己的眼睛看着听众演讲，更不敢看着评委演讲，眼睛要么左顾右盼，要么上察下看，要么紧盯着自己的演讲稿；有的双手无所适从，有的插在裤袋里，有的紧张得扯衣角。凡此种种，使演讲者的体态动作都很不自然，充分暴露了自己的不自信，严重影响演讲的效果。

七是缺乏基本的礼仪。很多竞聘者上台后只顾自己演讲，演讲前不懂得向听众鞠躬致意，演讲时又不能经常用眼睛注视听众，尤其不敢用目光与评委交流，以示对听众和评委的尊重，演讲结束时有的人径直走下讲台，不懂得向听众鞠躬致谢，不注重自身形象的塑造，这些都会给评委留下不好的印象，认为竞聘者缺乏基本的礼仪。有的竞聘者参加竞聘时穿的服装太随意，不正式，不庄重；有的不懂仪表修饰，要么不做任何修饰，要么过分修饰，不懂得竞聘职位对竞聘演讲者的形象要求，导致服饰仪表等与竞聘职位的要求不符，影响竞聘演讲者自身形象的塑造。

八是忽略体态语言的重要性。体态语言是竞聘者言语表达的重要辅助和补充，对竞聘现场所产生的表达效果有重要影响。

言语表达

因为体态语言的作用是隐性的,竞聘者也没有经过体态语言的学习和训练,所以一些竞聘者很容易忽视体态语言的具体作用,呆板木讷地站在舞台上,让演讲枯燥无味。体态语言就是常说的肢体语言,用身体的相关动作交流信息、表达情感、展示自己,加强与听众的沟通与交流。竞聘演讲过程中主要涉及的体态语言包括身姿、表情、眼神、手势等,通过这些无声语言加强竞聘者的表达效果。

四、竞聘演讲言语表达要把握的要点

想要在竞聘演讲的过程中取得良好效果,现场的个人语言表达至关重要,这是竞聘成功的必要条件。竞聘者流畅、有力、生动的语言表达既能够展示个人能力,又可使竞聘信息传递得更有效率,最终给评委、观众留下深刻的印象。出色的语言表达是需要表达技巧的,是需要相关训练的。

一是突出主题,增强互动性。竞聘演讲稿既是竞聘者对自身素质的评价,也是人事部门和群众了解竞聘者情况的渠道,它既为择优选聘提供依据,也有利于竞聘者自身素质的提高。一篇优质的竞聘演讲稿一般包括一个简洁的标题、精彩的开篇、丰富的主体正文和凝练的结尾。开篇可以采取感谢式、概述式、简介式;主体正文部分,主要陈述竞聘的主要优势、对竞聘岗位职责的认识、表明自己任职后的打算等;结尾可以采取表达愿望式、表明态度式或祈请支持式。

竞聘演讲有时间限制,一般为 5~10 分钟。撰写竞聘演讲稿要把握好字数,以千字左右为宜,字数过少,不能充分展示竞聘优势，字数过多，易使听众产生厌倦情绪，会削弱演讲效果。

二是熟悉讲稿，运用技巧。可以从三个方面应对：第一，巧用麦克风。第二，分析听众反应。第三，练习气息。气息是声音的发动机，气息充足，声音才会洪亮。平时可以运用胸腹式联合呼吸法，增加气息量，加强对气息的控制，从而从根本上使自身声音更加洪亮、有力。

三是把握情绪，形成互动。竞聘者应当控制语速，在竞聘演讲的过程中，应该合理控制自己的语速，做到匀速稳定，把语速控制在每分钟200个字左右，注重词句间的停顿，并根据内容、评委、观众情况适当地加快或减慢表达。当讲述一些热情、紧急之类的内容时，语速要快些；当表达一些悲伤、庄重之类的内容时，语速放慢些；当面对对竞聘者个人、表达内容非常熟悉的评委、观众时，语速要快些；当面对年纪较大、不太熟悉个人、内容的评委、观众时，语速要慢些。我们可以采用跟读的形式，感受讲话间的频率、停顿，逐渐形成一定的语速习惯。

四是充满激情，用心表达。竞聘者应适当变换语调，要重视语调变化，使用重音表达重点内容，在平调的基础上，时而高昂、时而低沉，给人一种高低起伏之感。可是，有一些竞聘者一当众讲话，就无法变换表达时的语调，经常是一平到底。竞聘者可以通过经常朗诵一些经典诗歌，练习表达时的起承转合、跌宕起伏，能够很好地解决语调的相关问题。

五是精准表述，科学用声。消灭口头禅和方言发音，很多时候口头禅不由自主地表现出来，这样会影响到现场的表达效

言语表达

果。如何解决自身的口头禅问题？首先，要养成一个良好的表达习惯，消灭口头禅于日常生活中。其次，在现场的表达过程中，善于运用停顿，给自己留有时间空余，降低口头禅的出现频率。针对方言发音，需要竞聘者科学、熟练掌握普通话的发声部位、发音方法，平时加紧练习，克服这一问题。在创作、熟悉稿件的过程中，尽量减少、替换发音易出错的字词，避免自身可能出现问题的地方。

六是增加自信，展现自我。培养良好的心理素质，首先，要有充分的自信心，这是所有心理素质中最重要的一点。自信心是演讲者最重要的心理支柱，演讲者自信心的强弱对于演讲的效果具有重要的影响。它可以坚定演讲者的意志，鼓舞演讲者的精神，充分发挥演讲者的创造性。注视评委和听众的时间应占竞聘时间的50%，适时进行面部信息的交流和沟通。竞聘过程中表情要自然，微笑，带给听众愉悦、快乐、轻松、友好和平易近人的亲切感。上下台要注意身体语言，抬头挺胸，步伐矫健，会使人感到你充满自信。其次，要有敏锐的观察力。如对演讲材料的感知和发现，对演讲环境的了解，对演讲对象的外部行为和心理的洞察力等。同时，演讲者的观察还要有目的性、敏锐性、准确性、全面性，增强演讲效果。最后，要有强烈的成功欲。演讲者的成功欲主要表现为获得交际表达效益的欲望和快感。它在演讲行为中起着巨大的推动作用。它可以触发演讲者的心理动机，使演讲者对演讲效果高度关注，从而加强对演讲内容与演讲技巧的关注，促使演讲水平不断提高，以取得良好的成绩。

七是用好肢体语言,增加感染力。演讲前要加强有声语言和体态语言的练习,对演讲的轻重缓急、抑扬顿挫和眼神、表情、站姿、手势、动作等都要进行充分的训练,训练时可以请朋友家人当评委,指出自己在演讲中存在的问题,及时加以改正。站在台上,可用灯塔原理来扫视台下,留意将目光送给两侧和后面几排的听众,双眼要始终注视听众,不能只盯住某一个人,或只把头朝向某几个人。竞聘者还应该在演讲前到演讲现场去熟悉演讲的环境,以免听众和环境造成的陌生感导致自己演讲时紧张。

八是掌握礼仪知识,实践礼仪规范,提升自身形象。演讲时,走上讲台后开始演讲前要向听众和评委打招呼问好,演讲结束离开演讲席时要向大家鞠躬致谢,在演讲中努力做一个懂礼貌的人。在个人仪表打扮方面要遵守礼仪规范。比如,在服饰方面要根据自己的身材、肤色、职业及演讲的场合,选择合适的服装。正式场合要穿正装,男士宜穿西服,穿西服要打领带穿皮鞋,女士要化淡妆,头发宜挽成发髻,打扮要端庄稳重,符合礼仪。只有时时处处实践礼仪规范,在竞聘演讲时才会树立良好的个人形象。

案例

统计局科级干部岗位竞职演讲

尊敬的局长、各位领导、同志们:

大家好!今天,能参与我局科级干部竞职演讲,与各位优

言语表达

秀的竞争对手同台展示自己,我感到非常荣幸。我竞争的是科长职位,感谢局领导和同志们给我这次学习和锻炼的机会。

我叫××,今年××岁,中共党员,第一学历为大专,1999年毕业于××学校。同年参加了××市公开选拔高校优秀毕业生到农村基层工作的考试,并以全市第一名的成绩被录取,分配到了××县××镇政府。在乡镇,除了先后在3个村单独搞试点外,还负责过统计、团委、秘书、信访、民政、监察等工作。××年参加××市公务员招录考试,考入本局农调队,负责农业全面统计至今。这次竞争科长职位,除了具备基本的条件以外,我认为我还有以下四个方面的优势:

一是有较丰富的基层工作经验。我工作的第一站是乡镇。我觉得,5年的基层工作,是我人生中最大的财富之一。它让我学会了怎样做人、怎样做事,让我在处理工作上的各种关系、化解工作中的各种问题时感觉游刃有余。如果我能走上科长岗位,我的基层工作经验,必将让我在以后的工作中更显优势。

二是有较高的统计业务水平。统计局是一个业务性非常强的部门,具有一定的统计业务知识是做好一个统计人最基本的条件。对于科长,在这方面的要求更高。进入统计局以来,我一直很注重这方面的学习,并取得了一定的成绩。我参加了与统计非常相关的调查分析专业本科自学考试,年底即可毕业;通过学习,我取得了统计师和调查分析师双项职称。现在,我既对我所从事的农业统计专业非常熟悉,对其他专业也有比较深刻的了解。这都为走上科长岗位打下了坚实的业务基础。

三是有较强的工作能力。能否独当一面,是衡量一个人工作能力大小的重要标准。由于领导的培养和信任,加上自己的努力,我觉得我完全符合这个标准,有较强的工作能力。在乡镇工作期间,我先后搞试点的3个村,都是别人不愿意去的所谓的"烂村",矛盾问题相对较多,都需要自己单独处理。通过努力,我每年都能完成党委政府确定的驻村任务。既得到了领导的肯定,也得到了群众的认可。到统计局以后,在农调队,应该说,我是工作骨干之一。正常的报表能得到省局肯定,分析材料每年都能在省或者国家网上以及其他媒体出现。几年来,工作从没出过什么差错,没让队长、局领导操过任何心。如果我能走上科长岗位,我自信也能独当一面,可以让局领导和同志们放心。

四是有做事诚恳、处事稳重的品质。做事诚恳、处事稳重是一个成熟干部应该有的品质,是做好科长所必需的条件,我觉得我完全具备这个条件。我崇尚的是"一分耕耘,一分收获",而不是"一分收获,一分耕耘"。无论在乡镇,还是在统计局,对工作,我一直都非常敬业、非常努力,成绩也不错,得到了局领导和同志们的肯定。另外,由于较多的工作阅历,加上自己的悟性和性格,练就了我处事稳重的品质。在乡镇,我处理过很多突发事件,从没给党委政府添过乱;进入统计局,几年来,我也一直延续着这种品质。

有一个词语叫"厚积薄发",我一直把它作为座右铭。以上这些优势的积累可以理解为一个"厚积"的过程。今天走上这个讲台,就是希望能够争取到一个"薄发"的机会。如果领导和同志们认为我还不错,能给我走上科长岗位的机会,我将不

言语表达

辜负大家的信任和希望，在科长岗位上，更加努力。

具体讲，我有四点打算：

一是加强学习，深入了解，尽快进入新的角色。要全面学习科室所有报表制度，加强与省局相关处室和基层单位的纵向联系，熟悉科室的业务，做科室业务工作的带头人；要及时向局领导请示，领会科室职责，明确科室任务，做到心中有数，有的放矢；要经常与科内同志进行沟通，了解他们思想上的动态和工作上的问题，在自己的能力范围内积极替他们排忧解难，在科室中形成一种团结一心、积极向上的良好氛围。

二是坚决与局领导保持一致，服从工作大局。科室工作是全局工作的一部分，局部应该服从整体，我一定牢记这一点。在工作中坚决做到与局领导保持高度一致，要在全局的总体规划下，开展科室工作，绝不因科室的小利益而影响全局的大发展。

三是努力工作，开拓创新，做到"两争两树"。要团结和带领科室同志，在高质量地完成常规工作任务的同时，在全局的总体框架内，努力发掘统计工作的潜力。做到积极向上级统计部门争荣誉，在其他部门中树权威，在社会公众中树形象。

四是做到清正廉明，办事公道。要继续加强自身修养，坚决遵守党纪政纪，自觉抵制各种不正之风，做到清正廉明；要客观对待事情，处理问题时，坚持对事不对人的原则，做到办事公道。

各位领导、同志们，古语云："不以一时之得意，而自夸其能；亦不以一时之失意，而自坠其志。"竞争上岗，有上有下，无论是上是下,我都将以这句话自勉,一如既往地勤奋学习、努力工作,为统计事业贡献自己一份微薄之力。我的演讲完了。

谢谢大家!

演讲者没有领导经验,与其他的竞争者相比,演讲者最大的优势在于 5 年丰富的基层工作经验,所以作者牢牢地抓住这一优势展开论述。工作的第一站是镇政府,曾经在 3 个村展开试点工作,单独处理层层棘手的矛盾,使观众对这名深入基层、经验丰富的候选人产生信任之感。在接下来谈工作的四点打算时,演讲者没有停滞在以前的工作成果上,而是放宽视野,调整高度,有条不紊地计划了统计局科长的岗位工作,足以见得在竞职之前是下了一番苦功夫的,同样令人信服。

第七节 新闻发言人的言语表达

一、新闻发言人概述

新闻发言人是国家、政党、社会团体任命或指定的专职(比较小的部门为兼职)新闻发布人员,是代表其他自然人或法人(如公司、政府或其他机构)的身份发言,并向记者宣传情况、回答提问的公共关系人员。许多政府部门和企业都有发言人,其职责是在一定时间内就某一重大事件或时局的问题,举行新闻发布会,或约见个别记者,发布有关新闻或阐述本部门的观点立场,并代表有关部门回答记者的提问。

言语表达

新闻发言人主要负责以下工作：准备新闻发布会前的材料，联系有关部门；发布有关新闻，阐述政府的观点立场；代表政府或部门回答记者提问；关注新闻发布后的反响效果。

新闻发言人既代表一种机制，又是一个个生动具体、个性鲜明的人。发言人是一种机制，是某一机构的代言人，是对外发布消息、表明政府立场、解读政策法规、回答疑问、与媒体和公众互动沟通的一个渠道。发言人所说的话并不代表他自己的立场和态度，而是代表政府的立场和态度。所以，他就必须从自己的角色地位、岗位职责出发，努力拥有与此相适应的职业素养，从而保证这一机制的正常运作，产生良好的社会公信力和广泛的影响力。

而从"人"的角度看，发言人优秀的富于人格魅力的个性形象，又能够优化其职业形象，成为这机制中不可或缺、有血有肉的有机组成部分。实际上，只有两者相辅相成、互为表里、相得益彰，才能成为一名有效履行职责、受媒体及公众信赖和喜爱的合格的新闻发言人。

新闻发言人是政府职能民主化、公开化的具体体现。新闻发言人的初衷是要增强权力与大众的沟通，发言人背倚公共部门而面向社会，要披露政府信息，形成互动。《中华人民共和国政府信息公开条例》规定了政府义务，新闻发言人是主动达成这一愿景的法定中介。对媒体和公众来说，新闻发言人是政府的门面和言论代表，是重要的新闻源之一，地位显要，责任重大。

小到一个部门，大到一个国家，虽然发言人是作为一种机制在讲话,但发言人个人的仪表形象和气度风格,也直接影响着媒体和公众对其代表的机构或国家的看法和评价。

二、新闻发言人的言语表达特点

(一) 新闻发布会的类型

新闻发布会是新闻发言人的"战场",不同类型的新闻发布会有不同的特性与操作重点,了解新闻发布会的类型及特征,对做好新闻发布工作具有重要的意义。总的来说,在新闻发布会类型中,较为常见的有例行新闻发布会、突发事件新闻发布会、重大活动新闻发布会、宣告性新闻发布会、首脑新闻发布会和网络新闻发布会六大类。掌握好这六大类新闻发布会的特点,更容易做好新闻发布工作。

一是例行新闻发布会。例行新闻发布会是由政府设立相对固定的新闻发言人,定期将政府所做的重要决策、通过的重要决定以及近期工作安排及时向社会各界进行发布,说明就某个事件、某个问题政府所持的立场和采取的措施,并就国内外媒体和公众关心的问题做出回答。它是国家存在、国家正在发出正义声音的象征,能够及时、迅速地表达国家的立场,设置国内或国际议程,指导人们的认识,引导国内或国际舆论。例行新闻发布会是政府发布公共信息、提高工作透明度的手段,通过健全和完善政府与公众的沟通渠道和传播机制,及时、广泛地了解舆情民意,鼓励公众积极参政、议政,实现政府和公众之间的双向沟通。例行新闻发布会具有定期召开的特性,是新闻发布经常化、规范化、制度化的体现,可以说是政府进行日常新闻发布的"规定动作"。相比其他类型的新闻发布会，它举办的次数多、时间固定，是公众接触最多的一种新闻发布会。发布内容包含政府日常工作的方方面面，综合性强，为其他类型的新闻发布会提供了借鉴。

二是突发事件新闻发布会。随着我国社会主义市场经济的发展，改革开放的深入与扩大，自然灾害之外的突发事件发生的概率比过去增多。认真处理好突发事件，对维护改革发展的稳定局面有重大作用，而做好突发事件的新闻发布工作，是处理突发事件工作中的重要环节。对突发事件的特点有多种概括，以下几个特点是大家公认的：突然性、灾害性、社会和媒体关注性以及对政府形象产生重大影响性。突发事件因为具有新鲜性、重要性、显著性，又因为它的复杂、敏感，涉及人民的生活、社会的安定，甚至重大的国际关系等特点，成为传媒报道的焦点。因此，讲求时效性成为做好突发事件新闻发布工作的核心。

三是重大活动新闻发布会。在一些重大活动中，常常要举办新闻发布会，以此来宣传活动的内容，树立组织者的良好形象，或就重大事件争取媒体和公众的支持。新闻发布会可以迅速、广泛地扩大活动的影响面，对重大活动的成功举办起到关键的作用。重大活动新闻发布会是指在重大社会活动之前、之中或结束后举行的新闻发布会。它的特点是：有充分的准备和材料，具有宣传、动员的性质，也有树立活动组织者形象的目的，新闻发布会往往和活动相配合，活动的内容也是新闻发布会的内容。重大活动新闻发布会由常任新闻发言人主持，也可由能体现活动特点、展示活动风貌的临时新闻发言人主持。重大活动往往是一系列活动的组合，所以一个鲜明的主题需要多个新闻发布会来展示和烘托，发布内容较为丰富，可根据发布会召开的时间、活动的进展阶段不同而有所差别。成功举办重大活动新闻发布会的关键是：准备充分，工作细致，真正做到"事无巨细，追求完美"。

四是宣告性新闻发布会。宣告性新闻发布会是指社会组织就做出的重大决定、重大方针及重大人事变动，以及举行重要会议、制订的重要计划或即将发生的其他重大事变，临时举行的新闻发布会，具有向外界庄严宣布声明、公告世界的性质，是社会组织进行自我宣传、影响社会舆论的一种形式。宣告性新闻发布会内容集中，时间较短；新闻发言人可以由常任者或由某一职务的人担任，在中国多由秘书长或办公室主任之类的人士担任。在社会透明度日益增强的今天，媒体作为推动社会进步的力量，政府必须对自身的决策和重大变动，利用媒体向国内外宣告，这也正是宣告性新闻发布会的意义所在。因此，举办宣告性新闻发布会是政府表明立场和对今后工作发展的公开宣布，是尊重公民知情权的体现。

五是首脑新闻发布会。首脑新闻发布会是由国家元首、政府最高行政长官、政党领袖作为新闻发言人，发布相关的新闻或阐述对某一问题的立场。首脑新闻发布会是对国事的重大问题发布消息或意见，不经常、不定期地举行。只有涉及全局或外事方面十分重大的事务，必须由首脑发表意见时，才需要及时举行。在公众或他国需要了解首脑本人的态度，为给公众或

言语表达

他国产生非常强烈的印象,为表明首脑的行动决心三种情况下,由首脑亲自出马举行新闻发布会不仅必要,而且意义重大。由于首脑新闻发布会的新闻发言人本人身份的特殊性、权威性,从而决定了首脑新闻发布会具有权威性,是由国家首脑或政党领袖对重大的国事或外事发布消息或意见。首脑的出场给公众或他国产生非常强烈的印象,能够表明首脑本人的态度和行动决心。首脑新闻发布会具有不定期性,由于首脑本人身份特殊,且只针对国内外重大事件召开新闻发布会,因此具有不经常性。在现实的政治生活中,我们可以发现,首脑新闻发布会已经成为各国政治活动中不可缺少的一部分。一个策划成功的首脑新闻发布会可以对该国的政治起到积极的推动作用。首脑新闻发布会事关重大,可以说是只允许成功。如果准备不充分,情况预测不全面,发布会上容易出现意外局面,给首脑的政治生涯带来不可挽回的恶劣影响。因此,在准备新闻发布内容时,要进行充分研究,对一些可能出现的问题安排好应对策略,以保证万无一失。

六是网络新闻发布会。网络新闻发布会是近几年来才出现的发布会类型,它是在一个虚拟的新闻发布现场,通过网络将无限分散的与会者组织起来,完成信息初始发布及交流探讨的传播活动。理论上说,它不受时间与空间的限制,基本上等同于现场直播,直接参与人数、发布信息数量也基本不受限制。在使用音视频技术以前,这种信息传播是无声的、不见面的,但随着新技术的运用与普及,它基本上可以达到与人际直接传播等同的效果,在许多方面还会优于人际直接传播。近年来,随着互联网的广泛应用、流媒体技术的成熟，网络新闻发布会凭借快捷、简便、传播面广等诸多优势，迅速发展起来。在内容上，它可以做到图文并茂，音频、视频、图片、文字并举，充分提供与新闻发布主题相关的新闻背景、链接。在形式上，可以单独举行网上新闻发布，也可以在现场新闻发布的同时进行网上直播，并在新闻发布会后在网上组织专家和嘉宾访谈，呼应和解释新闻发布的某些重要内容等。

（二）新闻发言人的言语表达原则

新闻发言人在一场新闻发布会上要注意设计所要表达的核心信息，这需要考虑两方面的内容：一是你所持的立场、结论、态度等；二是支持你的立场、结论、态度的证据。同时，也要遵循以下几个原则。

一是简要、简短、简单原则。有人说，愚蠢的人会把简单的事情弄得复杂，而聪明的人会把复杂的事情变得简单、明了。在新闻发布会中，发言人正是要将事情由复杂变为简单。"简要"即要求核心信息突出、要点明确。"简短"即能用一句话说明白的事情不要长篇大论地去论述，对于新闻发言人来说，再精巧的措辞、再华丽的辞藻，也不及准确、清晰地表述好所要表达的核心信息。"简单"即用普通人的思维方式思考问题，思考你怎么去说话，使用平民百姓的语言，因为你的讲话最终要到平民百姓中去，他们才是真正的受众，也就是说，说出的话要让人听得懂，不要用官话、术语。

二是坦诚原则。坦诚通常表现为新闻发言人要实事求是地阐述事情，真实坦率地应答问题，并且还能够勇于承认自己的

言语表达

不足，及时做到查缺补漏。在新闻发布会中，发言人先是直奔主题、正面确立观点，以事实为依据说明其不合理性。德国的《明镜周刊》记者曾提出："就中国目前的煤矿安全局势来看，实际上是在不断地恶化，此事您怎样看待？"外交部的新闻发言人是这样回答的："感谢您对中国的安全生产工作的关心。您说得对，有的时候存在这样的状况，比如说……"然后才开始介绍中国政府有关的政策，加强安全管理的措施。这种表述坦率、真切、自然的方法，容易得到大家的认同和信任。

三是准确原则。在新闻发布会上，新闻发言人是代表组织向媒体发表演说，所以不论是阐述信息还是回答记者的提问，语言必须准确到位。准确包括两个方面：一方面是对于关键信息、关键问题的把握要准确，另一方面是对于细节问题的把握要准确。在新闻发布会中有时要达到用语的准确，往往使用数字，引用数字可以使信息更加可靠。例如，在一次新闻发布会中，发言人针对"中国威胁论"的提问引用了这样一组数据："2004年，美国的国防开支是4 559亿美元，占美国去年国内生产总值的3.9%；而中国的国防费用去年是2 117亿元人民币，占中国国内生产总值的1.6%。就是说，美国的国防开支是中国的2.4倍。同样是去年，美国人均国防开支1 540美元，中国人均国防开支大约是20美元，美国是中国的77倍。还有一组数字是2003年美国军费占全球军费总额的47%，是美国以外的25个军费大国当年军费开支的总和，是联合国安理会其他四个常任理事国军费之和的3.5倍。"他用这样一组准确的数字强有力地否认了"中国威胁论"这一说法，精准的数字、准确的事实，充分证明了中国是维护世界和平的坚定力量。

(三) 新闻发言人的言语表达特点

善于采用新闻语言讲话，措辞要简洁精练，表述要通俗易懂，内容要脉络清晰，观点要明朗确切，态度要平和平等，不可打官腔，不可作报告。此外，发言人还要头脑清晰、思维敏捷，有很强的随机应变能力，在各种敏感甚至棘手的问题面前，都能够做到从容不迫、应对自如。

一是真实性。新闻发言的真实性是体现政务公开、打造服务型政府的必然要求，更是新闻发言人制度产生和存在的根源。新闻发言人促进了信息资源的自由流动，保障公众的知情权，从而促进社会公正的实现，成为公众了解政府及政务公开的重要窗口和途径。新闻发言人要认识到自己是"责任政府、服务政府、法治政府"的形象代表，以真诚态度和开诚布公的发言赢得媒体和公众拥护，所说语言要真实，要找到政府关心点、百姓关注点和记者兴趣点的结合。

二是时效性。政府新闻发言人语言传播的内容首先应该是新闻，失去时效性就削弱了传播价值。"第一时间"意味着语言传播的"时效性"，意味着公众能第一时间从政府渠道获得真实信息，让其他渠道的歪曲性的流言传播无机可乘。然而，语言传播"时效性"并不是"唯时效论"。当事实真相还没调查清楚时，政府新闻发言人面临的一个严肃命题是：第一时间发布新闻就等于发布真相吗？当然，媒体和公众并不会要求政府马上发布真相，但是会要求政府新闻发言人把政府目前已掌握的信息告诉公众，因此，发言人代表国家利益和政府组织发言，语

言语表达

言传播必须选择合适的"时机"多频次、多角度进行,所谓不超前,不滞后,不缺席,不失语,时效与时机并重。

三是引导性。随着信息传播技术发展带来的媒体多元化、信息来源多样化,政府迫切需要通过新闻发言人语言传播掌握舆论阵地的权威制高点,引导舆论,用表态制造新闻,不断增强与信息化社会相适应的新闻定义能力和舆论引导能力。新闻发言人要善于引导日常公众舆论,在处理突发事件和公共危机时,通过言语沟通将公众舆论引导到正确的轨道上来,将政府主导意见转化为公众的行动,在全社会形成强大的号召力和向心力。

四是限制性与驾驭性。由于传播身份的特殊性,政府发言人语言传播有着不同于其他语言传播的特殊要求。发言人所代表的政府立场只需通过细微的音调、音量、提高声音或停顿,就可以使同样的话语符号产生许多不同的感情色彩,表达方式与表达内容同样传播着重要信息。在政策范围内最大限度地争取公众的共识与共鸣是语言传播成功的表现,政府新闻发言人语言传播的属性决定了发言人的语言必须以规范为基础,运用模糊语言严守口径,拓展通俗化、个性化的话语空间。政府新闻发言人没有"内容决定权",每一篇发言稿都规定了具体内容,每一次表态的口径都有严格限制,但是,每一位发言人在话筒荧屏前出声露面都拥有"驾驭现场"的语言控制权,既有所限制,又有所驾驭。成功的新闻发言人不会被记者提问牵着鼻子走,虽然记者可以问任何他们想问的问题,但是发言人也可以回答他们觉得适合回答的问题。新闻发言人受政府表态口径的限制非常严格,这导致他们一方面必须控制自己的语气分寸、表情体态;同时还必须掌控主题和节奏,驾驭现场的瞬息变化。限制性与驾驭性并存的辩证关系是其语言传播的一大特点。

五是技巧性。新闻发言的效果很大程度上与新闻发言人和媒体交流的语言技巧密切相关,发言人必须善于引导记者、说服记者、打动记者。新闻发言人的"言语"有着其特殊的语境,言语表达要生动鲜活、简洁明快,少讲官话、空话和套话,所讲的话要让记者记得住。善于运用技巧,让政府的声音通过媒体传达给受众。

三、新闻发言人的言语表达常见问题

近几年来,一些负面的网络"流行语"出自某些政府部门新闻发言人之口。例如,"不管你信不信,反正我信了";某地方政府大楼被质疑过于奢华,当地政府新闻办公室回应称"为的是方便服务群众,为群众提供一站式服务",此后却被曝群众"门难进",甚至禁止拍照;网民吐槽到某省旅游屡次"被坑",该省旅游局发言人回应称"有批评声很正常,游客永远都是嫌价格贵的"。

在一些事件中,如果相关部门新闻发言人要么言辞怠慢、糊弄群众,要么言之凿凿、妄下定论,都是不负责任的行为,政府威信会受到伤害。政府部门的新闻发言人承担政府公共职能,在代表政府部门与社会公众直接交流时,其个人言论失谨失信、出现硬伤,更可能牵动敏感神经,导致矛盾激化。

言语表达

还有一些常见的言语表达问题，主要归纳为以下几点：

一是忽视核心信息的设计。新闻发言人对新闻发布会的核心内容应该做到心中有数。核心信息涵盖了新闻发布会的所有重要信息，是新闻发布机构希望记者在报道中体现出来的部分。一场新闻发布会可以有1~3个核心信息，最好不要超过3个，核心信息太多会造成报道分散、力度减弱。新闻发布会一般由新闻发言人先发布信息，然后再回答记者提问。发布信息时，一些新闻发言人不能把握住重点，不能简洁地表述立场，经常出现主题不清、层次不明、前后重复等现象。有时还会广泛地感谢各级部门，解释多数人都知道的普通常识。这些都导致媒体所报道的内容并不是发言人期待的内容，一定程度上也会使记者反感，影响传播效果。

二是空话、套话、行话多。没有新鲜感的空话、套话、行话毫无用处，其出现在新闻发布会上，不但影响发布会的传播效果，还会引起记者和公众的不满，有损新闻发布部门的形象。尤其是在一些危机事件发生后的新闻发布会上，如果发言人一味地说空话、套话、行话，报喜不报忧，不用真情实感说话，必然使受众产生厌烦心理，甚至影响事件的协调解决。例如在某次事故中，记者问："什么原因造成这次惨痛事故？谁会对这次事故负责？"发言人答："还在调查中，该谁的责任是谁的责任。"这种含混表达不仅没有提供相应的信息，还显示出不耐烦、不诚恳的态度，对公众传递出大量负面信息。鉴于事故原因的复杂性、专业性，发言人不可能给出准确的、专业性的回答，但应具备基本判断能力。简要分析原因，迎合公众的心理诉求，缓解公众的心理压力。事故确实正在调查中，但不排除管理不当、人为因素。专业新闻发言人应必备这些基本常识。

三是不敢直面敏感问题。新闻发言人最希望看到的是记者迫切想知道的事情正是自己打算告诉他们的，但是很多时候恰恰相反，尤其在危机时期，媒体关注的正是发言人不能说或不好说的话。对于敏感问题，发言人总是担心若回答得不妥当会引起媒体猛烈的炒作甚至社会的恐慌。因此，一些新闻发言人面对敏感问题时会胆怯、唯唯诺诺，有时直接回避，有时其回答被记者牵着鼻子走。

四是言语表达不准确。准确性是新闻发言人语言的基本特征，是语言有效性最基本的保障。新闻发布会应该给受众提供最基本的事实，力求准确、官方和权威。

五是社交语言失误。记者在帮助公众寻求最基本的真相，发言人应该诚实面对。如果发言人言语表达过于情绪化，可能会引起公众的反感。发言人处于高压之下，控制不好情绪，很容易把记者的提问当成刁难。本能反应使他以发泄的方式回答问题。可作为一名政府新闻发言人，要有极强的心理素质，始终抱着真诚的态度，冷静而沉着地回答各种问题。即使问题具有挑衅性或带有恶意，也要处变不惊，积极应对。

四、新闻发言人言语表达要把握的要点

新闻发言人要把一项政策、一个事件阐述得清楚明白，把一个问题回答得确切圆满，必须具备良好的语言功力。对新闻发言人的语言功力研究是当前党和政府执政公开化的需要。对

言语表达

于那些刚刚走进公众视野的各级党委和政府部门的新闻发言人来说，语言功力的提高是一项重要而紧迫的政治任务。

一是说真话。新闻发言人要说"正确的真话"，而不是"正确的废话"。这对新闻发言人来说是最起码的要求，实际上变成了职业的极高要求。新闻发言人在新闻发布会上发言代表的绝不是个人的观点，而是政府的声音。新闻发言人必须与决策者进行深入沟通，吃透政策。正确把握政府立场，保证对政府态度的准确解释。说真话包含两个层面的意思：其一，要把新闻发言人所代言的政府或有关部门决策者的真实态度和意思表达出来，做到不截流、不篡改、"不夹带私货"；其二，新闻发言人态度真诚，与媒体坦陈观点，你可以说不知道，但是至少不能说谎。

二是准确表达。新闻发言人是代表政府发言，而政府向媒体和社会公众发言不能有戏言，所以新闻发言人说话必须准确到位。但要真正做到这一点相当不易。首先必须做到理解准确，这里的准确包括对问题方向的把握要准确，这属于原则问题，对问题内容的把握必须准确。

三是随机应变。新闻发言人在应对记者提问时，难免会遇到棘手问题，这是新闻职业逻辑使然。新闻发言人随机应变必须恪守一个基本的原则：诚信。关键要注意以下几点：其一，对问题的方向把握不能出现差错，也就是大的原则问题不能偏航；其二，善于在广度、深度和角度上调度思维；其三，需要有比较灵活的策略。

一般来说，回答记者的提问有两种策略，首先是正面应对策略,迎着问题上,即使不知道,也坦白说出来。这种策略容易赢得记者的理解或谅解,但这个策略也是有限度的。你不能总是用"我不知道"来打发记者,记者毕竟是冲着信息来的。因此,就需要有另一种策略——"间接应对策略"。有时为了有策略地回避一些棘手的问题,不妨先把话题引开,不知不觉暗度陈仓,但不能走得太远,让聪明的记者明显地看出来你在躲着他。间接应对策略往往是最能展示一个新闻发言人随机应变能力的,运用这一策略没有固定的套路,视具体情境及新闻发言人的应变能力而定。大致方法有以下几种:第一,避实就虚。有的记者发难提出十分棘手的问题,这种问题可能是决策者还没有明确的态度或解释,新闻发言人不能贸然发言;也有可能是新闻发言人自己平时没有准备的问题,回答起来难度较大,这个时候不妨采用这种方法,把问题引向自己的根据地,在问题的交界处做文章,在模糊地区做文章。第二,去繁就简。可以把若干问题一揽子打包解决,这就可以乘机把一些棘手的问题包裹在其他问题中间一起处理掉。第三,把问题转交给他人。有时候新闻发言人不一定一个人面对记者,还有其他合作者在场,在这种情况下要充分利用合作者的优势资源,实现优势互补,充分发挥合作者补台作用,有时会化险为夷,甚至能为新闻发布会增色。第四,拖到下次解答。有时遭遇当时很难回答的问题,还可以把问题推到下一次,这是缓兵之计,不过千万不能认为记者会把这个问题就此放下。

四是展现个性魅力。有人认为新闻发言人是政府或政策的传声筒,没有什么个性魅力可言。此言不准确。其实一个新闻

言语表达

发言人成熟的标志就是在他的发言中能够把他独特的个性魅力表现出来,新闻发言人通常所运用的语言多是实用语言,往往是周密、准确有余,而风趣、灵性不足。不少新闻发言人在一本正经之余,不失时机地添加一些幽默故事,这对于活跃气氛、调节节奏是有较大助益的。

五是用好无声语言。新闻发言人在媒体面前的一言一行,微表情、微动作都可能被镜头捕捉后放大。驾驭好无声语言同样是新闻发言人必备的基本素质和基本技能。无声语言包括目光神情、面部表情、手势身势、着装发型、仪表体态、坐姿站位等,不同的无声语言表达不同的意思,影响范围往往比语言更直接、更宽广。发言人从进入公众视野入场上台正式发布,到退场撤离一举一动,无声语言始终发挥着作用,传递着信息。每一位新闻发言人要深入研究、仔细体味、消化吸收、学以致用,真正过好语言关、无声语言关,驾驭好语言和无声语言的融合统一,做到能力在手、成竹在胸。

六是以理服人。中国有一句俗话:有理走遍天下,无理寸步难行。这句话用在新闻发布会中是很贴切的。但是光有理还是不够的,更重要的是要讲"理"。否则光有理而没有好的方法和技巧是不能使人信服的。讲"理"的方法有很多,如深入浅出、循序渐进、因势利导、借题发挥、旁敲侧击等。总之,你说出的话要让人信服就要有因有果,条理清楚明白。例如,在外交部的一次新闻发布会中有记者问道:"西方国家以中国不尊重人权为由,极力反对北京申办2008年奥运会,对此有何评论?"新闻发言人回答道:"中国成功地实行改革开放政策,使北京首次有条件申办奥运会。中国政府和人民对此坚决支持。2008年奥运会如能在一个拥有十几亿人口的大国举行，对弘扬奥运精神具有深远的意义。我认为应该给北京一个机会。"这一回答中，发言人心平气和，重在讲述道理，以争取国际上的支持。这样的以理服人的平和态度和处理方法，为中国赢得了理解和同情。这样不仅提升了中国的国际地位和影响，也对发言人形象的树立产生了深远的影响，在发布会后，中外记者对发言人的表现大加赞赏。

另外，对待蓄意贬损、毁誉甚至挑衅的提问，最好的回答是"不与之一般见识""不同层次而语"。这就需要跳出问题的圈子，换一个角度看问题，提升一层高度以应对疑问。在公安部某次新闻发布会上，日本共同社记者提问："关于农村的暴乱事件，今年有没有什么新的解决办法？"发言人答道："你提出的概念是不存在的，你提的问题我的理解是利益诉求问题。"记者在提问题时为发言人设了陷阱，表面求解方法，实际想让发言人认同中国存在"农村暴乱事件"，发言人如果直接回答了该问题，就犯了错误，而该发言人识破了记者的伎俩，巧妙地避开了陷阱，转移了问题。

言语表达

第八节 会议主持人的言语表达

一、会议主持概述

会议是人们怀着各自相同或不同的目的,围绕一个共同的主题,进行信息交流或聚会、商讨的活动。机关单位的会议复杂多样,种类繁多,每类会议都有其各自的特点和办会要求。常见的会议形式主要有以下几种:

法定性或制度规定性会议,如党代会、人代会、职代会、妇代会、股东大会等。

决策性会议,如常委会、党组会、理事会、行政会、董事会等。

工作性会议,如动员大会、工作布置会、经验交流会、现场办公会、总结会、联席会、座谈会、协调会等。

专业性会议,如研讨会、论坛、听证会、专题会等。

告知性会议,如表彰会、纪念会、庆祝会等。

商务性会议,如招商会、贸易洽谈会、观摩会等。

联谊性会议,如接见、会见、茶话会、团拜会、恳谈会、宴会等。

信息性会议,如新闻发布会、记者招待会、报告会、咨询会等。

为了保障会议顺利进行、圆满成功,一般都安排专人主持。

会议主持就是会议主持人对会议全部过程和程序的安排，有效的主持能使会议前后连贯、层次分明、重点突出，提升会议的效果。

二、会议主持人的言语表达特点

1. 提示性。会议主持的目的是对整个会议议程的合理安排，而会议安排的每一过程，都需在主持人的提示引导下进行。

2. 程序性。主持人按照会议的类型和领导要求，将整个会议按顺序编排，形成统一整体。

3. 色彩性。不同的会议要有不同的主持风格和感情色彩。如属于政治性和经济社会发展性比较强的会议，其主持就要庄重严谨；属于研讨会、座谈会、经验交流会等，其主持就要高雅、谦虚、平和；属于庆祝会、典礼会、茶话会、团拜会、联谊会等，其主持要亲切、热烈、激昂、活泼；属于追悼会、听证会等，其主持要庄重、深沉。

4. 随机性。一般情况下，主持人都会在会前准备好主持词，但无论准备如何完备，会议进行时都可能发生变化，这就需要主持人根据会议讲话人或内容变化，随时调整主持词，以保障会议正常进行。

因此，主持会议时要注意以下几点：

一是准确无误。要充分考虑如何开场、如何形成高潮、如何结尾，要潜心研究、认真策划。二是要简洁概括。主持词要提纲挈领，语言要简洁清晰、注重条理、恰当得体，不能把主持词与领导讲话混淆。三是力求完整。做到有头有尾，决不能虎头蛇尾，也不能拖拖拉拉、废话连篇。四是精作结尾。会议主持要有鼓动性，内容要有号召性，努力营造良好的会议气氛，最大限度地使与会者激情高涨，满怀信心地离开会场，自觉贯彻落实会议精神。

三、会议主持的言语表达常见问题

1. 普通话不标准，过于随意化。普通话是公务人员言语表达必备的能力，也是会议主持人必备的基础素质。主持会议过程中，若主持人普通话不标准、不规范，用词过于随意或带有方言，会影响与会者对于会议的参与度，同时也是主持人语言功底不扎实的表现。

2. 语言冗长，缺乏交流感。主持会议的过程中，主持人用冗长繁复的言语交流，容易让与会者产生反感和疲惫感。而且在主持过程中，主持人的言语表达缺乏真诚感，出现不耐烦、懈怠、嫌弃等态度，或者亲昵逢迎、扭捏作态等态度，都会影响会议的庄重感。

3. 主持音量太小，语速过快。有些主持人由于紧张或者仪器设备的原因，主持声音太小，语速过快，不能引起与会者的注意力，让与会者听不清会议的下一个议程内容，影响了会议的正常流程，同时更容易分散与会者的注意力，容易出现沉默、冷场、无交流的情况。

4. 言语与思维不能同步。主持人有时在舞台上，头脑虽然在高速运转，但有时会出现一句话说完了却还没有组织好下一句话的情况，造成言语表达不流畅，这就是思维语言不同步。

这样的情况在主持人面对突发情况或者紧张时常发生，即使一些资历很深的主持人也会在某些时候出现思维跟不上言语的情况。

5. 言语不够亲切、生动。需要注意能用口头常说的词汇，就别用不便听觉感知的书面语。能用简短的句子、简单的结构形式把话说清楚，就尽可能别用长句子和较为复杂的句法结构。能把话说得具体化、形象化，就别把话说得像宣读论文，或是像做报告。

当然，平易不等于平淡，通俗不等于庸俗。大话、空话、套话、废话应该摒弃；信口开河，没有目的性、针对性、连贯性，这些生活口语中容易犯的毛病，同样不应该带进主持人的言语表达中，更不能融进即兴主持的口语表达中。

主持者要灵活驾驭会议，避免上述情况的发生，根据会议进行中不断变化的情况，灵活地采取各种方法和措施，有针对性地调整各种关系，解决各种随机问题。同时，由于主持不当，会议中也经常出现以下情况：

一是冷场。会议中由于胆小害羞、缺乏经验而保持沉默，由于有顾虑、怕言多必失而保持沉默，由于清高闭守、不肯多言而保持沉默，抱敌对情绪而保持沉默等情况造成冷场时，主持人应能厘清沉默的原因，采取相应的对策措施带动大家的发言积极性，从而打破沉默的局面。冷场与沉默在会议中出现，往往不是个别现象，究其原因，也是十分复杂多变的。但冷场与沉默的出现总是不利于会议正常顺利地进行。为此，会议主持人应当面对现实、分析原因，讲究方式、有的放矢，对症下药、因势利导地克服和消除会议中的冷场与沉默。

二是当会议中出现分歧、发生争执时，会议主持人若引导得当，则有利于集思广益、反复比较、多方论证，从而提高决策的正确程度；若处理失当，就会影响会议的正常秩序，使会议不能达到预期的目的。为此，会议主持人应当正确对待、妥善处置，化不利因素为有利因素。

三是处理讨论离题的技巧。在议题的讨论过程中，很容易出现离题现象，这对会议目标的实现极为不利，需要及时把讨论转入正题。

四是会议活动中发生不同意见的争论，无论多么严肃、尖锐、激烈，只要是据理力争、心平气和，都是正常的。但是，有时会出现争吵和纠纷，这就需要会议主持者立即去平息它，以恢复会议的正常秩序。

四、会议主持的言语表达技巧

主持是会议活动中必不可少的重要项目，掌握主持言语表达技巧，讲究发言艺术是会议主持者的基本功。现代研究表明，声音能对人的心理产生重大影响，声音的强弱及其变化对人的感觉、注意、思维都会产生心理作用。声音强度不大，娓娓而谈，会使人感到平易近人，情感接近；声音高亢有力，会使人振奋、激动；声音抑扬顿挫，节奏鲜明，会使人体会发言者的感情而随之共鸣。相反，如果发言人声音平淡，有气无力，则会使人感到疲乏，由此减弱与会者的注意力和兴趣。

一般来说，在说明议题作会议结论时，声音要洪亮，节奏要适当放慢,要有适当的停顿,以表现出会议主持者的信心和魄力;会中插话要言简意赅,插话时不可指手画脚,更不能随便打断别人的发言;在讲到内容精彩、核心或重要部分时,应提高声音强度,而在其他部分则使用一般语气,平平叙述。

会议召开之前,主持人应做好一系列的准备工作。首先,了解会议的基本情况,包括会议准备工作是否充分、是否具有实际内容、召开时间是否恰当等。其次,了解会议的主题、性质和议题,熟悉会议的日程与议程安排。最后,了解与会人员的基本情况和与会人员尤其是领导人的发言风格。除此之外,主持人还要从以下几个方面提升言语表达的水平:

1. 良好的外观形象。作为会议的核心与灵魂人物,主持人应根据会议的性质和主题选择恰当的服饰。主持会议则应着正装。

2. 优雅、得体的言行举止。主持人的一言一行、一颦一笑都会影响与会人员的情绪和会议效果。因此,主持人在主持会议的过程中,行为举止要端庄、优雅,言语表达要清晰准确、委婉得体,肢体语言不宜过度夸张,但也不能太死板。

3. 敏锐的洞察力与反应力。主持人要眼观六路、耳听八方,要密切关注会场秩序、与会人员的情绪以及会议推进情况。对会议中可能出现的异常情况要有预见性,同时要有应急措施,防患于未然。

4. 会中"穿针引线"的引导力。会议主持者在会场上充当的是"铺路搭桥""承上启下"的角色,其重要任务之一就是要用艺术的语言把会议串联成以主题为中心的一个整体,做到善控进程，避免开会跑题。会议主持者会中引导讲话的特点是临场发挥、触景生情、即席讲话。这就要求主持者的"点睛之语"要紧扣主题，不能言不对题，更不能离题万里；要言简意赅，不能啰唆。在会场上出现始料未及的局面时，主持者要有随机应变的能力和高超的语言技巧。要完成会中引导的任务，采用巧妙的连接十分重要。连接应幽默风趣，富于文采，把一个个发言像穿珍珠一样穿起来，使听众在妙语连珠的美感中消除疲劳，得到教益；连接要承上启下，对前面的发言画龙点睛，增色生辉，加强效果，对后面的发言简要介绍，渲染气氛，抓住听众。设计连接，应注意：一要了解情况，巧妙安排。会前弄清各个发言者的情况、特点、发言内容，精当地安排发言顺序，把各个发言组织成"起、承、转、合"的有机整体，使会议在听众心中留下层次清楚、中心明确、重点突出的完整印象。二要随机应变，灵活串联。可根据会场变化着的情况，或挑选某个发言者某一句精辟的话，临场发挥，使连接妙趣横生。三要词汇丰富，出口成章。用语连接时切忌结结巴巴，要腹有诗书，清新自然。只要主持人平时多读多听多记，积累文学语言和群众词汇，到时自然信手拈来，恰到好处。

5. 全面深刻的归纳总结力。会议归纳总结体现主持人对会议发言人讲话要旨的把握以及运用精辟语言强调会议效果落实的能力，是会议主持者综合能力素质的集中体现。会议总结应把握以下要求：一是事实为据，准确可靠。主持人要认真听取和把握会议的内容、进展情况及结论，包括整体的概况与具体的细节、正面的信息与负面的反馈，这些是做好会议总结的依据和前提。主持人总结时切忌游离会议主题中心，顾左右而言他。二是分析事实，找出"规律"。会议主持人要边听会议边思考，特别对重要的环节一定要抓紧时间"消化"，找出串联整个会议的主线，提炼升华出规律性的认识和观点，这样的总结才有指导性。三是点面结合，重点突出。会议总结容易出现大而全的问题。主持人应当认真分析会议特点，总结会议议程及取得的成绩，明确下一步的工作要求，力求抓精华、找典型，这样的总结才不会千篇一律，才具有指导意义。四是用语新颖，耐人回味。发表新颖、富有鼓动性的结束语，使听众对会议内容产生回味和遐想，使听众加深印象、明确目标、鼓足干劲、争创佳绩，避免使用虚伪、空洞的客套话。

6. 有效的控场能力。为了保障会议的正常进行，一般的会议都要由文秘人员事先写好主持词。但是会议是现场进行的，文秘人员不可能预料到会议现场会发生什么样的特殊情况而把所有内容都写进主持词。这就要求主持人不当"传声筒"，要当"调控器"，要根据会议的类型和现场发生的情况，进行有效的控制。

一要控制时间。我们经常会遇到"拖会"的现象，这固然与事先安排不周、每个发言人没有控制好时间有关，但主要责任在主持人。与"拖会"相反，还有一种情况就是会议结束时间未到，而内容已全部结束。遇到这两种情况，主持人要随机应变，根据现场情况做出相应的调整。如果时间不够，或要求讲话者压缩讲话内容，或把大会发言改为书面交流，或精简自己的主持内容，以保障会议按时结束。如果时间多余，主持人

言语表达

可安排小组讨论，消化讲话内容；可安排现场咨询，解决疑难问题；可安排代表发言，谈谈如何贯彻。

二要控制气氛。由于会议的类别不同，会议的气氛也应该是不一样的。因此，主持人不能用一个腔调主持会议，而应根据会议的类型变换语言和语气。如主持小型座谈会时要力求语言活泼、语气轻松，努力为与会者畅所欲言营造宽松的氛围；主持大型会议时则要力求语言朴实、语气平缓，努力为大会营造庄重、严肃的气氛。

三要控制局面。在一些会议上，我们也会遇到这些情况，一些与会人员要么迟到早退，要么交头接耳，要么接打手机，要么随便走动，严重影响了会议的效果。对此，会议主持人不能视而不见、置之不理，而应认真应对、及时处理，以保持会场的良好秩序，否则就是失职。如在一次工作会议上，一位处长发言时思路清晰，其他人也很认同他的意见。但这位处长得理不饶人，时常影响别人的发言积极性，以致许多人闭口不言。这时候就要考验主持人的控局能力，常见的做法是，可以寻机及时地接过这位处长的话头，在简要肯定其见解的基础上，以委婉而又明晰的语言并辅之以目视等体态语言，尽量不留痕迹地让其自觉停止发言，关键是给其一个立即下来的台阶。另外，也可以提出几个话题引导其他与会者积极讨论，甚或直接点名让与会者发表意见，并根据情况予以鼓励、肯定、诱导、启发和控制。会议主持看似无足轻重，实际上它关乎着会议能否顺利进行，影响着会议的整体效果，同时也考验着主持人的言语表达能力和驾驭局面的能力。

五、会议主持言语表达要把握的要点

一是要具有把控会议的通用能力。要学会在会议动态变化中随机性掌握会议运行中的可变问题,要在会前充分分析并预测会中可能会出现的几种情况和问题,事前拿出预案。要善于总结归纳会议中演讲和发言人的思想和理念,在主持过程中加以提炼并重点说明,使与会者能感觉到主持人的价值和作用。要有承上启下的言语表达能力,善于把前后发言与会议主题通过主持人的言语加以串联,形成思想上的一致。要具有介绍人的能力,通过主持人的言语,把演讲和发言人立体介绍给与会者,形成鲜明印象后的演讲或发言介入,进而达到会议的深刻性和演讲者的形象、认知融为一体。

二是要给与会者全局印象。把握好开头讲明主题和主旨,会中表述清楚中心思想和与会嘉宾的演讲的关系及内涵,会议结尾要感谢会议承办方、主办方、协办方及会场、音响布景、会务等辅助会议人员,使会议有头有尾、整体性强。

三是要具有提炼思想、总结工作、归纳理念、提出思考的综合能力。主持人不是简单介绍会议,介绍演讲人,重要的是在会后给与会者留下思考、留下思想、留下理念。通过主持人的作用和功能,把会议的后发效应持续放大,让会议给人留下的思考转变成创造,思想转变成行动。主持人的作用是会前兼顾着策划,会中主控着运行,会后让会议价值持续放大。

言语表达

第九节 接待工作的言语表达

一、接待工作概述

公务人员在接待工作中除了一般性的公务接待外，还有一种非常重要的接待活动——群众来访，本节所指的接待工作主要指这两种。

接待工作一般是办公室的一项重要工作，也同时由其他部门配合或单独完成。从某种意义上说，接待工作就是单位的门面、喉舌，是单位形象的缩影。接待工作看似简单，实则不然，它要求接待人员言语表达出众，能随机应变，及时消除可能出现的困窘；组织能力上，善于协调各种关系，调动各个部门，自如地应付各种局面；人际交往上，要求沟通能力强，确保接待工作畅通无阻；业务能力上，要求熟悉本单位的情况，明确自己的本职工作。总之，负责接待工作的公务人员的综合素质要求高，除了掌握接待工作的技巧外，还必须具备良好的个人素质，如精神状态、言谈举止、着装打扮等。接待工作的好坏对本单位的形象起着至关重要的作用。掌握接待工作中的言语运用，对于改进工作作风，提高政府、企事业单位的工作水平，树立良好形象，具有十分积极的意义。

二、接待工作中的言语表达特点

一般来讲，接待工作的言语表达，要求具备五个特点：

1. 言语表达的真切性。首先，公务人员必须摆正与来访者的同志关系，真正做到以诚相待、以礼相待、平等待人、一视同仁，要以关心、信任的语言对待来访者，打消他们心目中的"门难进、脸难看、事难办"的种种疑虑。其次，要善于把理论化、抽象化的语言，变成通俗易懂的大众化语言、口语化的语言，使来访者感到自然、贴切而不陌生，易于来访者理解和接受。最后，要求语言准确，一般情况尽量讲普通话，并力求标准化、规范化。

2. 言语表达的灵活性。在言语表达的实施对象上，言语交流需要一定的语言环境。要在分析和研究来访者个性特点的前提下来开展接待工作。要善于"察言观色"，根据不同对象，调好不同的焦距，有的放矢地运用不同的言语表达方式，以取得最佳效果。公务人员要善于提高自己的应变能力，要做到成竹在胸、应付自如，从来访的具体内容出发，采取相应的语言方式。另外，来访者年龄、性别、知识水平、社会阅历和性格特点等各不相同，公务人员的言语表达方式就必须做到因人而异、灵活运用。

3. 言语表达的余地性。其一，要注意言语的慎重性。接待来访是一项思想性、政策性很强的工作，讲话要留有余地、讲究分寸、注意场合、符合政策，没有十分把握不能轻易表态或作结论。要做到三思而言，既不说空话、不说大话，又不能为

言语表达

了应付来访者,空头许诺,追求"短期效益"。其二,注意言语的柔韧度。公务人员不能轻易被来访者的情绪所左右,应保持清醒的头脑、镇定的心理,坚持以冷静、耐心的态度,柔韧适中的语言对待来访者,不能"以热对热、以冷对冷",粗暴简单。接待者对来访者有调查、了解、倾听意见的一面,也要善于用事实和政策来说服来访者,对少数无理纠缠的人,必须予以严肃的批评和教育。

4. 言语表达的逻辑性。其一,言语表达要简练明了,是非清楚,不拖泥带水、含糊其词;不模棱两可,让人难以捉摸。其二,言语表达要准确严密,要求言语的尺度感和分寸感达到最佳状态。使言语表达既符合政策、符合原则,又十分恰当和准确,做到合情、合理、合法。

5. 言语表达的礼貌性。公务人员是人民的公仆,在接待过程中要尊重来访者,以友善、谦和的态度对待来访者,讲话要注意方法、艺术,要善于在潜移默化中做工作。要善于正确使用态势语言,这将有助于在接待工作中更好地表情达意。公务人员在接待过程中,要注意自己的礼节、仪态、容貌、举止、气质、风度、表情等仪表举止,使接待言语表达感情更富有强烈的魅力和感染力。

三、接待工作的言语表达常见问题

在公务接待中,党政机关及企事业单位及其公务人员要严格执行《党政机关国内公务接待管理规定》,在接待群众咨询以及上访的过程中,言语表达除需具备上文中总结的五个特点外,还要切忌咬文嚼字、故作高深,或滥用尊称和谦称;切忌高亢大噪、嗯啊不停,或故作深沉、吞吞吐吐;切忌冷言冷语、心不在焉、爱搭不理;切忌体态不恭、不善倾听;切忌居高临下、盛气凌人。个别公务人员在接待工作中还存在冷漠和粗暴这两种极端现象。冷漠的接待语言主要表现在对咨询者或上访者漠不关心,无视群众焦急而无奈的心情,用冷漠、漫不经心的言语回应来访者,这不仅浪费了群众的宝贵时间,而且极大地降低了政府的工作效率。如不友好地说"我们这里不办理这个业务""不知道,下一个",粗暴是比冷漠更为恶劣的言语表达方式。公务人员在其接待工作中使用不礼貌、冷漠甚至粗暴的语言,不仅会损害政府形象,而且不利于本职工作的顺利进行,降低工作效率,甚至激化干群矛盾。各地区正努力完善政务服务大厅,改善机关服务质量,在政府监管部门和媒体监督下,这种沟通方式已经逐渐消失。言为心声,努力健全公务人员的人格,提高公务人员接待的言语表达水平。一要大力培养和弘扬为人民服务的精神,锻炼和增强公务人员的人格力量。二要端正公务人员的思想,强化"公仆"意识。三要加强培训,例如在新进公务人员队伍中开展岗前培训活动,针对公务人员每天可能要接触到的不同对象,进行表达技巧、说话方式、语音语气等方面的培训,督促他们不断充实、完善自我,以强化和提高公务人员的服务意识、民众意识和公仆意识。

四、接待工作言语表达要把握的要点

（一）接待来访的言语表达原则

在公务透明、信息开放的今天，公务人员在接待工作中，无论是接待参观考察、调研检查，还是咨询上访，如果讲究言语表达技巧，无疑会提高工作的效率和公信力。

1. 言语坦诚。在人际交往中，一个温柔的微笑、一个会意的眼神，起身握手、让座倒茶，语调和缓、应答明快等，这些极富人情味的点滴表示，是获取对方心理认同、产生亲近之情、消除陌生感的最好润滑剂。例如，迎接时，主动打招呼、示意、微笑、让座；询问交流时，恳切随和、注意谛听、目光集中，主动征询意见；结束时，起身目送，"欢迎再次相会！"这些质朴表情和口语，实践时深受好评。在任何情况下，接待访客时都要彬彬有礼，举止文雅，态度亲切、温馨，仪容整洁、大方，正确使用礼貌用语，语音、声调、节奏适度，让拜访者尤其是初见者处在极其融洽气氛中。只有坦诚实在待人，才能"笑"从心底发出。由于表情的抑制能掩盖人的某种情绪体验，我们不能因此而虚情假意，言不由衷，运用模糊语言，甚至罗织谎言，以愚哄打发来访者，而应一是一、二是二，实实在在、一视同仁地满足来访者的需求。在具体接待时，一是要面含春温，不要只是自己高谈阔论，行一言堂，说话力求简明、通俗；二是倾听专注，面露诚意与兴趣，好的倾听姿态可增进彼此间的了解和亲近，木然地静听不好，应偶尔点头称许；三是要做到多问不烦，耐心解答；四是对没有满足需要的来访者，要尽快冲淡失望与不快情绪。

2. 言语得体。说话因人而异是言语表达中常谈的一个技巧。来访者从来访时间上分类主要有预约来访和直接来访。预约来访包括考察交流、工作指导或工作汇报等；直接来访包括突击检查、投诉等。接待时，如果没有事先了解来访者的背景，需要力求敏锐地从来访者外貌、年龄、表情、谈话内容等方面，比较准确地把握其"类型"，以顺其话题，组织符合对方心理状态的话语。另外，人们各自的人生阅历、社会背景、生活遭遇、教育、职业及素质等的不同，也必然导致来访者千姿百态的个性差异。这种个性差异，要求公务人员在说话交谈时言语得体，注意把握分寸。

3. 先思后言。接待工作是一项十分复杂的工作，常常遇到不同的人，面对不同的事，尤其在接待投诉或上访者。俗话说，"良言一句三冬暖，恶语伤人六月寒"，对那些有难、有愁、有怨的来访者，要多听少讲，以诚待人，尽可能地为他们解决一些实际困难，多使用礼貌、理解的语言，不要伤害对方的自尊心，对于个别情绪激动的人，也要注意设法"减压降温"，心平气和地进行劝说，逐步化解矛盾，切忌感情用事，正面发生冲突。公务人员在接待来访者时要做到先思后言，才能不说错话、过头的话。

(二) 接待工作中的言语表达技巧

1. 询名、称呼、交谈的言语表达技巧。记住一个人的名字并轻松地叫出来，就等于给予此人一个微妙却很有效的赞扬，但是忘记或叫错了别人的名字，就会使对方感觉不舒服。在一

言语表达

些正式的接待场合，如会议接待，必须记住对方的姓名与身份，否则可能导致难堪的局面。

"××先生，欢迎您的到来，××已经在办公室恭候您多时，我这就通知他来迎接您。"这样说将给人以一见如故之感，使宾客感到满足，感到舒服。对有的客人需要询问姓名，可采用提问的方式"请问贵姓""您在哪个单位工作"，有时也可以请对方写下姓名。尽管如此，还是难免出现张冠李戴的情况，此时，便需要用巧妙的言辞为自己解脱，如"您是姓……""对不起，上次我没听清您的名字"，说错姓名，一定要及时表示歉意。

称呼在交往过程中也十分必要，也是接待工作中的一个学问，称谓得当能使双方产生相容心理，感情就比较融洽，谈话比较畅通，能为你增添风度，能增加来访者对你及所代表的组织的亲切感和信任感。接待工作中，根据实际情况，一般是姓（名）加上"职务""职业"等，对学术界人士可称"先生""老师"，对党务工作者可称"同志"，工人或其他劳动者称"师傅"比"同志"更亲切，根据性别、年龄等的不同，可以视情况定称谓。

交谈时，除遵循接待工作的特点和言语表达原则外，还要注意语音语速、遣词造句等。语速、音量因来访者年龄而异。来访者可能是年逾古稀的前辈，也可能是年龄比自己小的人。不同年龄的人有不同的生理、心理特征，接待人员与其交谈，就应采用不同的语速和音量。与老人交谈时，用较慢的语速、较大的音量，能使对方产生被人尊敬的喜悦感；而与比自己小的人交谈则宜轻言慢语、语调柔和，这样能使对方产生安全感、亲切感、信任感。遣词用句应视来访者的目的不同而变化，要和接待工作的言语表达原则呼应。

2. 夸赞、挽留、祝愿的言语表达技巧。赞美是沟通中的润滑剂。对某些来访者给予适度夸赞，可使其心情愉快，有助于增进双方的感情。挽留和祝愿是接待工作的最后阶段。人们在道别时，相互送上一句表示祝愿的话，无疑可以起到"承蒙贵言"的良好效果。对于风华正茂的年轻人，可以祝愿他"前程似锦"，对于老者则祝愿他"健康长寿"等。对于公务接待，尤其是不熟悉对方个人的情况下，多祝愿工作和个人身体健康，是很少出错的。无论夸赞、挽留与祝愿，要注意适度，不可过分，以防适得其反，引起反感；对待来访者要一视同仁，给人留下被重视、被理解、被尊重、被倾听的良好印象。

(三) 处理投诉上访的言语表达技巧

群众上访的原因多且复杂，这要求公务人员在接待工作中说话要有四个注意：一忌信口开河。公务人员要谨言慎行，往往说者无意、听者有心，无形中造成不良影响。二忌盛气凌人。公务人员服务的对象是群众，能不能服务好，是公务人员能不能履行职责的关键所在。三忌迁就迎合。要以国家和上级部门的政策、法规为准绳，能办的就及时办，不能办的要说清原因，答复要恳切、明确。对于提出超越政策范围的过高要求，要积极做好解释工作，不要拖泥带水。四忌简单粗暴。无论是对普通上访者还是无理取闹的上访者，都要确保让权力在阳光下运行。

面对不同的上访者采取不同的接待言语表达，有利于上访

言语表达

接待工作顺利地进行:

1. 面对"带着疑惑"的上访者。很多上访者在咨询具体政策的同时,都希望答疑问、消疑惑。有的上访者知识水平不高,理解能力较差,公务人员要把政策形象化,多用身边事例,多用群众语言,多用对比思维,使政策通俗易懂,使道理简单明了。要争取在较短的时间内缩短与上访者的心理距离,获得对方的认同,使之佩服你、信任你、接纳你。接待工作者既是政策法规的宣传员,又是群众面对具体问题的引导者,要耐心以待,有针对性地解决群众提出的具体问题。

2. 面对"带着期望"的上访者。上访者本人可能已经找过有关部门,一直没有落实下来。因此,其上访的目的就是希望自己的问题得到尽快解决。只要上访者提出的是正当要求,接待者就一定要以高度的责任心,力所能及地帮助上访者协调各方关系,督促有关方面迅速解决好,切实维护好上访人员的利益。接待人员往往充当的是协调员的角色,要有一副热心肠,只要群众找到自己,就必须认真接待,不管属于哪方面的问题,不管是不是自己的分内工作,都要提供帮助,及时协调,尽可能地让上访者实现愿望,满足其要求。

3. 面对"带着忧愁"的上访者。谁都会碰上忧愁之事,难免心里想不开,接待者要倾心投入,轻松开导,当好上访者的心理医生。上访者可能会拒绝说教,但绝不会拒绝幽默。"笑一笑,忧愁掉",接待人员要多用诙谐的语言,把沉重的道理"轻松化",工作人员要真诚地帮助上访者解开思想的"结",剪断感情的"愁",要通过心灵交融,层层引导,步步深入,使之心胸豁然开朗，愁云消退。

4. 面对"带着怨气"的上访者。有些群众上访，往往是由于曾经或正在受着不公平的待遇，甚至可能有些"冤枉"，对此，接待人员要理解对方的心情，要仔细询问，认真调查。人在气头上，难免不冷静，接待者要以冷静对不冷静，当好上访者的"出气筒"，要多关心、多体贴、多忍让、多理解。要弄清楚对方"怨"在何处，"气"在哪里，要引导上访者按程序反映情况，该出力的要出力，该献策的要献策，让上访者气顺怨消心满意。

5. 面对"带着恨意"的上访者。因为某种原因，上访者可能与某个人或某个单位有着"深仇大恨"，这是很危险的，处理不好就会出大事。对此，接待者要先沉住气，用沉稳的话语缓和气氛，听上访者讲清来龙去脉，让上访者宣泄仇恨。经验告诉我们，上访者的怨恨往往是由于备受欺压，或者自己的正当权利被人为侵占，切身利益被人为损害而引起的。接待者必须根据"第一信息"，迅速做出反应，在稳住阵脚的同时，客观分析事态，帮助上访者找到合法的解"恨"之路。需要宽心一笑了之的，引导其乐观待之；需要讨个说法，引导其进入司法程序。

6. 面对"带着横蛮"的上访者。个别的上访者耍横，让你有理说不清，并且根本无法进入解决问题的渠道。对此，接待者要敏锐地观察上访者，把握对方心理，从中发现破绽，运用归纳推理、分析综合的方法揭示其矛盾，采用论辩技法使之无话可说，巧妙地用攻心语挡住上访者的蛮横无理。

7. 面对"带着刁难"的上访者。对那种纯粹无理取闹、胡搅蛮缠、故意刁难的上访人，一定要拿出威严。如果做思想工作不行，就搬出"法律语言"给予特别警告，使之明白干扰机关、企事业单位工作，阻挠执行国家有关法律的严重后果。再刁悍的人，都不可能不惧怕法律的威力，如果连法律都不放在眼里的话，就只有让他去"以身试法"了。

8. 面对"带着绝望"的上访者。这种极个别的上访者，往往是看不到解决问题希望的人，接待者一旦碰上这种已经到了"轻生"地步的人，一定要为他指出解决问题的可能，唤起他的希望。人到绝望时，很容易做出"极端行为"，所以，我们面对这类特殊的上访者，阻止要果断，安抚要到位，说服要有力。

接待工作是一门技术，也是一门艺术，往往刚入职的公务人员都要在这个岗位上历练。要做有心人，研究有经验的同志的接待方式、方法及言语表达；要做任劳任怨的人，往往人们任劳容易，任怨难；要做有情人，带着一腔热血和真诚接待；要学会尊重人，对客人、领导、上访者一视同仁。

第十节　突发事件中的言语表达

一、突发事件概述

突发事件是世界各国面临的一种特定的社会现象，从人类早期的自然灾害、瘟疫流行、部族攻击、群体暴动，到现代社会出现的技术事故、环境灾害、恐怖袭击等,都属于突发事件的范畴。突发事件是一个比较模糊的概念,无论在理论上还是在实践中,目前尚没有形成一个统一的概念。在我国,突发事件通常是指在一定范围内突然发生、危及公众生命财产、社会秩序和公共安全,乃至影响国家利益和全球稳定,需要政府立即采取应对措施、加以处理的重大事件。2007年8月,第十届全国人民代表大会常务委员会第二十九次会议通过的《中华人民共和国突发事件应对法》明确规定:"突发事件,是指突然发生,造成或者可能造成严重社会危害,需要采取应急处理措施以应对的自然灾害、事故灾害、公共卫生事件和社会安全事件。"

社会稳定是人民群众的共同心愿,是改革发展的重要前提。突发事件是影响社会稳定、危害公共安全的因素之一。公务人员作为公共权力的行使者和公共事务的管理者、服务者,应正确认识突发事件问题的严重性,增强危机意识,提升应对突发事件的能力,从而有效预防和妥善处置各类突发事件,为经济社会又好又快发展营造优良的环境和秩序,做出应有的贡献。

(一)突发事件的特征及应对能力要素

一般来说,突发事件具有三个基本特征:一是具有意想不到的变化性。有些突发事件,尤其是灾害类的,往往来得快、去得快,政府及其公务人员在决策上只有有限的反应时间,面临着巨大的压力和不确定性,给有效应对带来很大的难度。如果回应不及时,事件会进一步扩大和复杂化,甚至发生质的变化。二是具有捉摸不透的复杂性。突发事件往往受到社会性的

言语表达

"大气候"、政策上的"大调整"、工作中的"大失误"等影响,一些纠纷类、请愿类、动乱类的政治性和社会性突发事件往往是多数人的合理要求与少数人的无理要求相交叉,多数人的过激行为与少数人的违法行为相结合,给公务人员应对突发事件带来许多复杂因素,不仅了解真相难,调查取证难,而且拍板定性、处理兑现都很难。三是具有不可估量的危害性。突发事件一般都以巨大的物质损害为起始,如造成人员伤亡和财产重大损失的火灾和楼房倒塌等。经济性突发事件造成生产资料的巨大浪费,公众信心的重大挫折。此外,突发事件激化社会矛盾,往往容易演变为对政府及其公务人员的不信任,产生对政府公共政策的抵触情绪。因此,突发事件不仅直接影响经济建设,而且严重影响社会稳定,危害正常的生产、工作与生活秩序。

公务人员应对突发事件能力的构成要素主要包括以下几个方面:

1. 预测能力。应对突发事件,事前预防是关键,正所谓"未雨绸缪""防患于未然"。维护社会安全稳定,首要的就是要加强不稳定因素的防范工作,以最严密的制度、最精心的核查,力求避免影响安全稳定的事件发生,并预见可能发生的事件。只要公务人员具有见微知著的敏锐性和居安思危、防微杜渐的思想准备,经常深入基层,密切联系群众,时刻保持耳聪目明,善于观察研究,就能够及时捕捉那些初露端倪的前兆现象,掌握比较全面的信息,在此基础上做出准确的分析判断,将诱发突发事件的隐患化解于萌芽状态,有效避免突发事件的发生。

2. 反应能力。公务人员面对突发事件，客观上缺乏足够的时间进行充分准备与系统思考，但在主观上必须态度积极、做事主动。只有在最短的时间内迅速做出反应，及时采取有效应对措施，才能把危害降到最低程度。

3. 决策能力。突发事件时的决策是一种典型的非程序化决策，常规的办法对于突发事件往往是不适用的，因此，要求公务人员对于意料之外的事情有深刻的洞察力，抓住其意料之内的因素，迅速判断事件性质和危害程度，要打破常规，敢冒风险，当机立断，立刻做出反应并及时控制局面，使其不扩大、不升级、不蔓延。

4. 控局能力。控制局势的能力是指对突发事件的发生、发展过程实施有效控制、科学指挥、正确处理的能力。控制局势在应对突发事件过程中处于中间和关键环节，对于控制事态发展、降低事态危害、消除事态影响等关系重大。根据突发事件的基本特点要求公务人员必须具有较强的控制局势的能力，面对突如其来的突发事件，应本着"人民生命第一，社会效益第一，安全稳定第一"的指导思想和"宜散不宜聚，宜顺不宜激，宜解不宜结"的原则，审时度势，把握机会，果断处置，沉着应对，竭力避免矛盾激化，坚决防止事态扩大和升级。

5. 协调能力。主要指公务人员为了实现社会效益最大化，运用各种方法，调节各种相关组织或个体间的利益、意见、行动，解决矛盾、分歧、冲突，使相关组织或个体互相配合，以整体的力量达到预期目标的能力。要求公务人员必须具有收集、处理、利用、交互信息的能力，较强的紧急动员能力，较强的

言语表达

组织协调能力,要善于协调不同利益关系,优化调控手段,注意工作方法和艺术,尽力以理性的而非感性的、柔性的而非暴力的、公开的而非隐蔽的方式,妥善有效地处理好突发事件,避免事件因组织拖延、调控不力、方法不当而造成更大的危害和损失。

6. 善后能力。主要指对相关人员处理和对问题的改进以及消除事件造成的影响,恢复正常生产和生活秩序的能力。

(二) 言语表达在应对突发事件过程中的作用和意义

言语是人类最重要的交际工具,是人们传情达意最重要的手段,言语表达在公务人员应对突发事件过程中起着十分重要的桥梁作用。首先,公务人员需要运用语言这个工具来采取应对措施,加强突发事件中双方的交流与合作,从而更好地处理事件。俗话说,一句话可以成事,一句话可以败事。公务人员只有在突发事件中恰当地运用言语,才能更好地为应对突发事件做准备,才能使公务人员的言语这个工具充分发挥其价值。其次,言语是人类社会进步的产物,它为人们更好地交流服务。为满足人类表达和交际需要而产生的言语,在实际的生活和工作中具有非常重要的作用。准确、合理地运用言语能够将我们想要表达的想法和意见传递给对方;巧妙地运用言语能够有效地解决问题或者收获意想不到的效果。对于公务人员来说,言语表达艺术是自身必备的素质之一,不仅有利于顺利地展开本职工作、联系群众基础、建立友好的人际关系,而且能在处理突发事件的过程中做好合理的安排,尽可能将事件不良影响降到最低,正确引导舆论,避免激化群众矛盾,影响社会稳定;

做好事件汇报,以便上级领导能够了解事件,下达正确的指令。所以,公务人员应当在日常工作之中注重提高自身的言语表达能力。

公务人员处理突发事件的言语表达艺术体现在以下几个方面:

1. 利用公共权力科学配置资源。发生突发事件后,首先要展开的工作就是尽快地研究怎么处理事件,尽可能地避免事件进一步扩大,产生更大的负面影响。而要想尽快地、有效地处理突发事件,人员安排到位和物资合理运用是必不可少的。此时,在了解事件情况下,采用恰当的语言来安排各个部门及工作人员的工作任务,如运用责任委派类的言语表达方式来向物资部门的工作人员交代物资发放任务,以便工作人员能够统一听从领导的安排,合理地分配和发放物资,保证物资用到实处。运用信任类的言语表达方式来向负责疏散和转移伤者的工作人员指派工作,以便工作人员能够谨遵领导的指示,在到达事件一线后能够尽快地疏散人员、转移伤者,避免出现更多的人员伤亡情况。巧妙地运用言语表达艺术,合理地安排事件处理任务,可以调动所有人员从不同方面出发来处理和控制事件,尽可能避免事件负面影响扩大。

2. 运用舆论导向正确引导突发事件发展。互联网时代,在新媒体应用越来越广泛的今天,公务人员的一言一行都容易造成较大的影响,人们能够快速地获得最新信息,对突发事件做出正面的或者负面的判断,进而产生一定的社会影响。公务人员要注意在突发事件发生后尽快地运用自己的言语表达的影响

言语表达

力和准确度来引导社会舆论,人民群众能够将目光或者关注点放在如何处理事件、如何规避此类突发事件发生等方面上,而不是传播不利于国家和人民的负面言论。例如,公务人员可以通过召开新闻发布会等,运用简洁的言语说明此次突发事件发生的原委;运用承诺类的言语来肩负起事件后续问题的处理责任;运用恳切的言语来希望广大人民群众能够关注到事件本身,正确引导对事件的深刻认识。

3. 认真总结,精准汇报。公务人员还要注意运用精准的言语表达来向上级汇报整个突发事件发生的原委及处理情况,以便上级领导能够对突发事件予以了解,正确下达工作任务,尽快妥善处理突发事件。

4. 把握事件真实原因,妥善处理人际关系。突发事件的产生也必然蕴含着矛盾和冲突。如果公务人员不注意言语表达,必然会激化矛盾,非常不利于问题的解决。因此,正确的言语表达方式方法是顺畅相关人员关系,化解冲突、减淡矛盾的一剂良药。

二、突发事件中的言语表达特点

根据突发事件分类及特点,突发事件中的言语表达也应有以下几个特点:

1. 规范性。公务人员在应对特殊突发事件时的言语表达有时需要有着类似于同公文相似的特征。所谓"公文",是公共文书的简称,是经过很长时间的发展逐渐形成的具有一定规范性的制度化的公共文书。例如,新闻发言人面对媒体的提问以及对外公布突发事件的原委及处理进展，应急人员在处理紧急情况以及抢险救灾过程中的专业性言语表达方式等都具有一定的规范性，建立言语表达的规范性后，再根据不同的突发事件运用不同的言语应对。

2. 高效性。针对事件的突发性以及紧急性，相应地也会十分重视其高效性，体现在言语表达上则是以实用为准，利用最简洁明了的语言传达出最有效的信息。除了简明外，朴实也是公务人员应对突发事件过程中的言语表达特征之一，语言简洁朴实，毫无修饰之意，端庄、持重而严肃。所有这些都体现了公务人员在应对突发事件过程中理性处置的一面。

3. 严谨性。精准、严谨是处理突发事件过程中言语表达的又一个特点。要求公务人员在处理突发事件的过程中，言语表达庄重而不失严谨，精练而不失准确。情感格调郑重严肃，言语真实确切，无虚假错漏，褒贬得当。

4. 情感性。个人是处理事件的主体，在处理突发事件的过程中会因为处理主体的不同而有不同的处理方法和效果，即公务人员在应对突发事件过程中所表现出来的情感性。情感性是指人们在说话、做事和写文章的时候会根据个人的爱好、情感、经历等自身因素的不同而对所要表达的事物发表的不同看法和见解，它呈现出一种个人的带有情感上不自觉流露出来的言语表达风格。突发事件的应对主体是政府，政府是由代表人民利益的人组成，即公务人员，而人是有感情的不同个体，每个人所接受的教育背景、生活经历以及自身的素质修养也有所不同。在处理突发事件的过程中，这些因素不可避免地会影响处理事件的风格，再加上当时所处环境的影响、感情的自然流露，从而形成很强的号召力和感染力。

5. 权威性。权威性语气指一个人说话的语调气势，从语气中可以判断事件的轻重缓急，从语气中可以感受到说话人的气质特征，从语气中可以感受到听话人的反应与应对。人们在谈话交流的过程中，客观与主观的协调，理性与感性的结合，二者都是相互交融的，很难将其分得十分清楚。而语气则不同，从一个人谈话的语气中可以看出事情的轻重缓急。对于政府应对突发事件过程中的语气特点，总结为权威性和明确性两点。

政府在应对突发事件时要求及时、迅速、有效地了解和控制全局，这时就需要政府能从宏观上对其进行把握，迅速做出部署，要求各职能部门做好本职工作。体现在言语上的一个突出特点就是语气上的权威性。权威性的语气是刻不容缓的集中体现，突出了事件的紧急性，表现了政府对突发事件的高度重视。公务人员在应对突发灾难性事故时，他们具有强制命令性的语气是权威的具体表现，是他们全心全意为人民服务的集中体现。

语气的明确性是指语言坚定明确，不容置疑。公务人员在应对突发事件的过程中，所有的指示都简单而明确，所有的指令都是命令，没有丝毫的铺陈记述。突发事件本身的特点也要求言语表达简洁明了，语气清晰明确。

6. 感召性。政府是人民利益的代表，公务人员是人民利益的维护者。在应对突发事件的过程中，公务人员的发言代表广大人民群众的利益，是广大人民的真实感受，所以他们能够和广大人民群众达成共识，形成强大的号召力。

在汶川地震中，解放军某部队负责人在接到上级指令时这样说："在这惨烈的灾难面前，我们有一个强大的祖国，我们默默宣誓，请祖国和人民放心，我们一定要战胜地震灾害，我们一定能够战胜地震灾害。"在刻不容缓的灾情面前，他们忘记了痛苦，全身心投入到了抗震救灾中，富有感染力的言语表达艺术对激起解放军官兵责任感与使命感也起到了良好的作用。

另外，公务人员在应对突发事件的过程中，事件的突发性、紧急性要求应对的语言简洁明了，所以在应对过程中使用了大量的短句；突发事件的破坏性要求在处理过程中使用委婉的语言，所以在应对过程中使用了较多的祈使句；由于突发事件的应对者是政府，体现的是整个政府的形象，所以在应对过程中要遵循一定的规范格式。

三、突发事件中的言语表达常见问题

今天整个社会对公务人员素质和能力的要求已经达到了一个前所未有的新高度，对公务人员履职履责的态度和水平的监督也达到了一个前所未有的程度。一名公务人员，特别是一名初任公务人员，在职业生涯中，必然会遭遇到各种各样的突发事件。处置这些突发事件时所表现出的能力和水平不仅代表自己，也代表一级政府机关，更代表公务人员的整体形象。"不言不语""胡言乱语""雷言雷语""假言空语"等都是公务人员在应对突发事件时存在的言语表达问题，甚至造成"一失语而成千古恨"。公务人员必须做到不"失语"，才能不"失态"，才

言语表达

能不"失职"。

公务人员对内是权责分工,对外则是形象代言人,代表着地方或组织的形象和利益。在重要的场合说合适的话,是其基本职责。关键时刻,不说话或者说错话,丧失话语权,都会造成不同程度的信息流障碍,也是失职的表现。近年来,随着新媒体的出现,公务人员在应对突发事件和流言的危机处理、公关表现上,部分干部无视其作为权威信源的角色,"对内开小会,对外不作声",隐瞒实情,不说话或者说假话,导致谣言流传、危机扩大,造成了严重的后果。

在突发事件应对中,政府或其他组织的公务人员要习惯主动发声,回应社会关切,处乱不惊而没必要"反应过激"。每一个重大突发事件,都是考验公务人员的时刻。当前突发事件应对中重要的一项就是"舆情"。如果说事件处置决定突发事件的最终结果,那么舆情应对就会决定事件的社会影响。许多案例表明,在信息传播渠道越来越丰富、速度越来越快的今天,习惯于逢事"捂盖子",反倒使谣言有了走在真相前面的机会,也使煽风点火、渲染炒作有了空间。理性回应、科学处置突发事件,关键是要在突发事件发生的第一时间,向公众发布事件的相关信息,保障公众的知情权,这样既可以有效缓和公众的焦虑,又可以防止事态进一步扩大,从而取得公众的理解与支持,实现"止谎"、安定人心。

"雷言雷语"则是极个别公务人员在面对媒体、群众折射出不愿意甚至害怕被监督的现象。多数"雷言雷语"都是在公务人员被媒体追问或群众质问时说出来的,而被追问或质问的问题一般都是负面问题。公务人员对这些问题不予正面回答,采取回避、推托、反问等方式来应对。然而在当今监督力度越来越大的情况下,掩盖和回避是解决不了问题的,而且有些问题会欲盖弥彰。只有诚恳地接受监督,才能尽快平息舆论。在面对群众咨询或请求解决问题时,有的公务人员缺乏耐心,甚至对群众恶语相加,不但没有给群众解决问题,还激化了干群矛盾。出现这种情况,说明在极个别公务人员看来,老百姓的事并不是头等大事,甚至是一些鸡毛蒜皮的小事。有一句话叫"群众利益无小事",还有一句话叫"百姓的事情大于天"。如果每个公务人员都能把这两句话放到心上,也许就不会出现"雷人雷语"了。"雷人雷语"还折射出某些公务人员不善于应对突发事件。有些"雷人雷语"很冲甚至很粗俗,这说明极个别公务人员自身素质需要提高,更缺乏应急能力,往往在突发事件面前显得束手无策,只好说出那些"雷人"之语。

以上不是说公务人员要学会与媒体或百姓周旋,而是说在处理问题时要讲究方法和技巧,这在当下显得尤为重要。因为我国正处于社会转型期,各种矛盾相互叠加,公众心理也比较焦虑,在这种情况下,不断提高应变能力是对公务人员的考验。新时期,任何公务人员都要为自己的言论负责,注意维护党和政府的形象,什么话当讲、什么话不当讲,一定要有度。但不是说公务人员要少说话、不说话,而是要讲实用的话、拉近人民群众的话、解决矛盾调和气氛的话。

突发事件中不同的人和不同的事联系在一起,尤其是面对不同社会层次、文化素养的人,特别是一个人所具有的知识系

言语表达

统和语言使用及理解能力的不同而会对交际产生一定的影响。这都会令公务人员的沟通变得焦头烂额。要根据交际对象的不同而随时调整交际的内容和交际方式,由此可以看出,由于交际对象自身条件的限制,公务人员在应对突发事件过程中,应根据应对对象的不同采取不同的交际应对策略,从而达到更好的效果。这也是本书多次提到的一个言语表达理念。

事实上,公务人员在应对突发事件中存在的言语表达问题还有很多,这些都深受社会背景、性格心理、利益等多方面的影响,因此无论是新任公务人员,还是久经"沙场"的公务人员都要积累经验,在"干"中学,才能妥善处理危机,保障人民群众生命和财产安全。

四、突发事件中言语表达要把握的要点

(一)突发事件中的言语表达原则

人与人之间的交流和合作是建立在一定的原则基础上的,人们能够通过语言进行交流,是因为客观事物在人们头脑中的反映是一样的。只有建立在共同的意象反映基础上,人们才能够进行语言上的交流,那么公务人员应对突发事件的过程,同样也遵循这样的原则。公务人员应对突发事件过程中的言语表达原则主要有以下几个方面:

1. "量"的原则。"量"的原则即该说的话一定要说,不该说的话一定不要说,说话过程中要注意"量"的把握,保持适度原则。例如,关于钓鱼岛主权的表述,中国外交部发言人姜瑜说:"钓鱼岛自古是中国的领土,不容任何人侵犯。"言语简

单明确,语气坚定,不容置疑,把中国与钓鱼岛的关系以及中国对钓鱼岛的态度清楚地表达出来。我们知道,突发事件的一个显著特征是突发性,由于突然发生,事态十分紧急,不容浪费一分一秒的时间,政府在处理突发事件过程中,顾及太多的程序,目的不明确,就像刚才所说的涉及很多无足轻重的话语,就会违背了政府与民众交际过程中所应遵循的"量的准则"。大家都知道"言多必失"的道理,从另一个侧面可以看出,这其实也是要求我们在交际的过程中要注意信息量的问题,话说得越多有时候越会让人觉得很啰唆,话说得太少,人们会觉得没有很好地表达清楚自己的意思,所以在交际过程中,话语量的适度问题也是一个十分重要的交际策略问题。当然,在应对突发事件的过程中,语言信息量的把握也是十分重要和不容忽视的,其传达的信息不仅要满足人们的需求,同时还要引导人们对信息的理解与掌握。

2. "质"的原则。"质"的原则要求政府在应对突发事件的过程中实事求是。例如我国政府在抗击"非典"的过程中,个别地方政府为了防止人们对疫情产生不必要的恐慌,没有向人们展示疫情的真实状况,这就违背了"质"的原则。由于人们对灾情的不确定,对真实情况的不了解,而使局面更加混乱。可见,政府在应对突发事件的过程中首先应该遵循的是"质"的原则,它决定了处理事件的质量和效率。

3. "关系"原则。"关系"原则,顾名思义就是指政府在应对突发事件的过程中,言语表达上要有针对性、关联性。人们在交际的过程中会选择性地挑选属于自己比较感兴趣的客观意

言语表达

象,或者接收一些跟自己的切身利益比较相关的话语来进行内化,形成属于自己内在的东西,和自己头脑中相关的链接发生碰撞,最后形成对所发信息者的回应。政府在应对突发事件过程中,要应对不同的人、不同的组织、不同性质的事情,所以其在言语应对上要根据不同情况采取不同的交际策略。

4."方式"原则。"方式"原则,不仅是政府应对突发事件过程中所必须具备的,也是人们传情达意交际过程中所不能忽视的。古往今来,由于交谈方式的误用而造成了十分严重后果的案例不胜枚举。公务人员应对突发事件的目的性,要求其言语表达要清楚明了,避免晦涩产生歧义。要求客观真实地反映事件的状况,言语简练,条理清晰,不需要太多的繁文缛节。

公务人员在突发事件的处理过程中使用的语言要简洁明了、层次清晰、井井有条。例如在应对"××人质"事件过程中,首先要顾及遇难同胞家属的感受,在通报和善后的过程中,尽量使用比较隐晦的词语,如"不幸遇难",表示对同胞的同情,用激烈的言语表达对不负责任的"菲方政府"表示"强烈谴责"等。

5."礼貌"原则。"礼貌"一词由来已久,中国自古以来就是文明之国、礼仪之邦。由于言语表达受国家、民族、地域的影响,公务人员在应对突发事件过程中,言语表达上也会有所差异,在应对过程中要充分尊重其文化、礼貌应对。

"贬己尊人"是我国几千年来留传下来的文化精华,是中国人民谦虚礼让的集中体现。公务人员作为交际过程中的主动者,作为国家人民的代表,在交际过程中的姿态直接决定了交际的结果。公务人员在应对突发事件过程中，不要把自己放在很高的位置上，而是首先要想到他人的利益、人民的需求。作为人民的公仆，政府不是高高在上的统治者，而是人民利益的守护者。"礼貌称谓"是我国具有优良传统的文化礼仪，也是公务人员在工作中和他人打交道时的基本要求。

另外，公务人员在处理突发事件时要文雅待人，不讲脏话，文明礼貌，尊重他人，自我谦逊。公务人员是一个国家形象的代表，他们的一言一行都展现了一个国家整体的素质，在应对突发事件过程中的每一句话、每一个词语都体现出公务人员的文明礼貌。

6."同情"和"谴责"原则。"同情"原则，就是对突然发生的灾害事件深表同情，对在突发事件中遇难的人们表示哀悼，对突发事件所造成的损失表示同情，这表现了人们对生命的敬畏。

"谴责"原则，就是指严正申斥，指对个人、团体、党派、国家等的荒谬言行或错误政策进行严厉责备，带有庄重色彩。"谴责"通常出现在外交场合，例如在中国人民的利益受到损害的时候，中国政府在应对国外突发事件的过程中，通常采取的是"表示强烈不满，对……的行为表示强烈谴责"。这并不代表中国政府的软弱，而是礼貌应对的直接表现。另外，政府在应对外交场合中的国外突发事件过程中有时还要运用保持中立的礼貌原则，对于其他国家之间比较敏感的话题保持中立态度，与其他国家和平共处。

言语表达

(二) 处理突发事件的言语表达技巧

处理突发事件不仅事关个人的荣辱进退，也事关组织的兴衰存亡。这里从一般处理过程及所包含的原则等方面，将有关应急言语表达技巧概括为以下四个方面：

一是临危不惧。无论何时何地，遭遇何种意想不到的突发事件，对于当事人最大的考验，就是心理素质要过硬，要有"泰山压顶不弯腰"的气概和处变不惊、临危不惧的淡定。

二是从容不迫。紧急事件的出现，往往是刹那间的事情，此时最应做到的是"宁停三分，不抢一秒"。只要保持心理平衡和情绪稳定，镇定自若，借势发挥，就可以化解危机。

三是积极解释。遭遇突发事件的猛烈冲击，无论如何镇定自若、从容不迫，但出错、失态，包括说错话，恐怕都是难免的。在这个时候，临危不惧、处变不惊仍然是必须坚守的最好的"护身符"。对个人或组织一时的出错或失态，要最大限度地做积极解释，而不是让它成为"雪上加霜"的绊脚石。

四是顺势而为。就是根据所处的形势，辨明自己的位置从中发现机会，然后抓住它，顺势而为。

另外，在处理突发事件过程中，即兴言语表达和逻辑思维能力会让人民群众感受到公务人员的业务素质、文化思想以及气质和修养，甚至履行公务的胜任力。

2010年玉树地震中，中央电视台记者在一次现场报道中，报道内容原本是救援队伍通过生命探测仪测定一栋坍塌的两层小楼废墟里有生命体征，但经过几个小时的挖掘，发现探测到类似心跳的声音原来是一个小闹钟。观众在电视机前等待了几个钟头，对这样的结果难免有些许失望。记者马上话锋一转："我们的救援队员，也承受着巨大的心理和身体的压力，只要有一线希望就绝不放弃……"这段话既对意想不到的结果做了弥补解释，又得到了观众的谅解。公务人员在处理突发事件时同样应具备这样的能力。对于突发状况的应对处理考验公务人员的临场反应，更考验公务人员语言组织的逻辑性和严谨度，然而在实际的工作中要做到出口成章又"滴水不漏"，确实是对公务人员极大的考验。

公务人员在处理突发事件时除了应该像上面说到的记者一样具备控场能力和即兴言语表达能力，同时在面对媒体时也应该处理好与媒体的关系。

公务人员面对媒体监督时，尤其是在突发事件这种敏感的背景下，很容易产生敌对的情绪，也很容易说出不当的言论，而这些言行会被呈现在公众面前，给个人和组织造成不良的影响。新媒体时代，公务人员更应该妥善处理好与媒体的关系，要把媒体看成是合作关系，双方应互为桥梁。在言语表达上，同样存在五个技巧，这里特别指突发事件中应对媒体的技巧：

一是说话留有余地。如果记者（新媒体）提问，某某事件出现了某某情况，公务人员面对媒体，可以说："到目前为止，我现在所了解的情况是……"这样的回答可以使自己有回旋余地。如果事后下级报告到来，还可以说："现在我了解到的最新情况是……"相似的话还可以说，"我还没有收到这方面的报告……""我对这方面的情况还不太了解……""我还没有来得及和有关部门沟通……""我还没有得到授权说明……"等。

言语表达

二是话要慎说。指责有关人员和有关方面的话，反驳他人的话，指责下级、指责新闻界的话慎说；过多地强调事件处理过程中所遇困难的失望话慎说；尽量不要批评他人、不评价其他地区和其他部门的工作；尽量不与其他事件对比，不要与其他单位的工作对比。

三是禁话不说。绝不说不负责任、不关心人民群众的话；绝不能说没有感情、冷漠生硬的话；绝不说谎；不能说自己不懂的话；不能说不解决问题的虚话；不能说不切实际的过头话；不能说空话、套话；不能说"我没有什么可说的"；要坚持守住要保密的内容。

四是把握尺度。立足群众情感说话，从人民群众的冷暖安危、喜怒哀乐出发，评说政府工作，要三思而后言。

五是自我批评和道歉，对已经被媒体报道的事实，可以实时通过媒体做出自我批评，自我批评的程度要视具体情况而定，自我批评是赢得社会信任的开始，要讲好整改的措施、方向和目标，使得媒体不便再开口批评。

第十一节　述职报告的言语表达

一、述职报告概述

述职报告是任职者陈述自己任职情况，评议自己任职能力，接受上级领导考核和群众监督的一种工作形式，具有汇报性、总结性、评价性和独特性的特点。述职报告的主要内容有：说明对职责的认识、阐述任职的指导思想和工作目标，或概括履行职责的结果；阐述自己是如何履行职责的；剖析在履行职责过程中成功的经验和失败的教训；回答称不称职的问题；谈今后履行职责的计划，或针对自己存在的问题提出改进措施。

对公务人员，述职是一项经常性的工作，是领导干部展示自己能力水平和政绩的重要渠道，也是领导干部接受群众监督、进行自我教育的有效手段。述职的好坏，体现着干部素质水平的高低，也直接影响干部的威信和形象，对其以后的工作开展有非常大的影响。述职报告若能用富有感染力的言语吸引住听众，让听众能够专心地听并留下深刻的印象，就需要借助言语表达艺术的运用。

二、述职报告中的言语表达特点

1. 表述与职位统一。述职不同于一般的工作小结和工作总结，它有着一定的标准，这个标准就是岗位职责和工作目标。要做好本职工作，应该明确自己的岗位职责和工作目标，并为此而尽心尽力。同样，要做好述职报告、述好职，也必须明确自己的岗位职责和工作目标，并以此作为标准，来检查总结自己的工作。

2. 述职与职位匹配。作为个人履行职责情况的高度概括和工作能力、个人素质的综合显现，述职报告不同于一般的工作汇报，其结果不仅反映出公务人员自我认识的程度，而且影响群众的看法和上级的评价。因此，切不可"概略瞄准"、简单罗

言语表达

列、仓促上阵，必须充分准备、精心提炼。一要深思熟虑，认真反思回顾；二要多方征询意见；三要客观准确地写出述职报告。既要客观公正地肯定成绩，又要恰如其分地找出不足，不图虚名，不说假话，不掺"水分"，不报喜藏忧，做到"四个防止"，即岗位职责防止界定不清，归纳工作成绩防止过大，总结经验教训防止过浅，制定打算和措施防止不实。

3. 履职与发展相融。述职报告要注意围绕岗位职责有所侧重，选取任职期间或一段任职时间内分管的几项有特色、有开拓性的工作，自己向组织和群众承诺的工作，上级明确指示的中心工作和重点任务，对照职责逐条予以表述，面面俱到。要注意对实绩和能力的概括。述职报告的重点在于证明履行职责能力的强弱，所以，述职时就要把带有鲜明个人特色的能力、实际工作成绩充分表现出来，多反映做了什么、怎么做的、做的结果怎样，少反映一些可有可无的思想活动过程。要讲究效果和目的，把重点放在查找问题、分析原因和总结经验教训上，通过述职，进一步厘清工作思路，明确工作目标，调动积极因素，提高工作水平。

4. 个人与团队相辅。基层干部在述职时要正确处理好与搭档、与班子成员、与上下级、与前任等方面的关系，要防止过分突出肯定自己，不能忽视上级的指导和群众的作用；既要看到个人的努力，也要看到前任付出的劳动，不能把功劳都记在自己头上。

述职报告的言语表达要求如下：

第一，言语表达要有个性化。言语表达上更多地采用适合自己身份和个性的叙述方式。要注意的是，叙述不是详叙，是概叙；说明要平实准确，不能旁征博引。

第二，言语表达要有逻辑性。述职报告要摆事实，但不是把已经发生过的事实简单地罗列在一起。必须对收集来的事实、数据、材料等进行认真归类、整理、分析、研究，从中找出某种带有普遍性的规律，得出公正的评价和结论。如果不能把感性的事实上升到理性认识的高度，述职报告就不可能成为未来行动的向导。当然述职报告中规律性的认识，是从实际出发的认识，实践性很强，也就不需要很强的思辨性。不管怎样，述职报告是否具有逻辑性、规律性，是衡量述职报告质量高低的标志。进行述职的目的在于总结经验教训，使未来的工作能有所进步、有所提高，因此，述职对今后的工作具有很强的借鉴作用。

第三，言语表达要通俗易懂。面对听众，要尽可能让个性不同、情况各异的与会者都能听懂，这就决定了述职言语表达必须具有通俗性。即使是专业性、学术性很强的内容，也要尽可能明晰准确，以与会者理解为标准，做到内容通俗化、结构格式化、言语口语化，从而更加适应人们的接受心理，拉近讲话者与听众之间的心理距离。

三、述职报告中的言语表达常见问题

述职报告常见的言语表达问题主要出现在表达内容和表达方式上。在表达内容上，一是述职人常把个人的述职报告变成了单位或组织的工作总结。述职报告多强调个人，即"我"而不是"我们"。二是把述职报告当成思想汇报。述职无疑是要叙述自己忠于职守、履行职责的情况，即主要讲自己"该干什么，干了什么，干得怎么样"，而不必太多地讲"我是怎么想的"。三是述职报告与工作报告混为一谈。述职报告类似于工作汇报，但又不同于工作汇报。工作汇报的着眼点是工作，是以事为主，以事来讲事，个人在其中的作用不是工作汇报的主要方面和主要内容。而在述职报告中，侧重点是讲我，讲个人的作用，讲个人的岗位职责，讲个人的工作状况。述职报告以人为主，述职者既要讲人，又要讲到有关事情，通过讲述事来讲人。

述职报告还要注意实事求是、突出德才。实事求是是述职报告的生命。一切凭空捏造、言过其实、文过饰非、掠人之美的言辞，都会导致述职的失败。让干部述职，主要不是为了让他们评功摆好，而是为了让他们展示自己职责清不清、目标明不明、德才行不行。一个干部倘若能通过述职报告证明自己职责清、目标明，并且完全有履行职责、实现目标的德才，那么这个述职报告也就成功了。

四、述职报告言语表达要把握的要点

1. 述职报告需要清楚明了的开头。公务人员在作述职报告时，开头一定要简洁、概括，并能自然地引出主体内容。例如述职者在作述职报告时，开场便简要说明自己任职的有关情况，包括何时任何职、职务变动情况及背景等。如某地区教委办公室主任作述职报告时，就是用这种方法开头的。他说："教委自年初组建以来，对全委的中层干部实行聘任制，为期一年。我被聘任为教委办公室主任。一年来，在教委的直接领导和全体同志的大力支持下，根据办公室和办公室主任的职责，开展了各项工作。现作述职报告如下……"因为述职是有着一定标准的，即岗位职责和工作目标，为了使听众对此能有所了解，以便于更好地评价述职者的工作，述职者通常在开头会简要地介绍述职的标准。还有一种方法就是，开头先对自己任职期间的工作情况作一个整体的评估。

2. 述职报告需要上口入耳的言语。由于听众多是本部门的同事或上级领导，述职的言语表达应该是口语化的、通俗易懂的、能让人们接受的，这样可以拉近述职者与听众的心理距离。为此，述职时，要特别讲究言语的上口入耳。"上口"，就是指述职所用的词句要适合口语表达，要讲得顺口、自然流畅，具有平时交谈的特征；"入耳"，就是指要使听者听起来明白易懂，没有障碍。述职，只有做到上口入耳，才能起到交流思想情感的作用。虽然述职的内容多是老生常谈的话题，但只要从新的角度立意，在语言运用上下功夫，同样可以吸引听众，引起大家的兴趣。如在说到修路的必要性问题时，有位干部引用了一位农民在描述他家门前的那条路时说的话：晴天是"洋灰路"，下雨天是"水泥路"。这里农民所说的"洋灰路"和"水泥路"幽默风趣，一语双关。我们都知道，农村的土路，常常是一阵风刮过或机动车驶过，路上就会尘土飞扬，因"扬"与"洋"同音，所以农民们便戏称为"洋灰路"。因其坑坑洼洼，高低不平，下过雨之后路上有水有泥，泥泞难行，农民们又戏称为"水泥路"。"洋灰"本是"水泥"的俗称，二者指的是同一种

言语表达

事物。用同一种事物的不同名称来指称不同天气情况下的同一条路，巧妙地运用了语言，既使表达含蓄婉转，也不碍于听者的正确理解和意会，又婉转地表达了农民对修路的渴盼。这位干部用风趣幽默的语言取代了贫乏枯燥的陈述，使人过耳不忘，自然也很容易吸引听众，引起听众的注意。

3. 述职报告需要合情合理的言语。述职的言语表达要适度、得体。因为述职从某种意义上来说，是在为自己"评功摆好"，那么这个"功"怎么评，这个"好"怎么摆，学问很大。公务人员要做到既不能过于谦虚，说了半天听者不知道你干了些什么、有哪些成绩，更不能妄自尊大、唯我独"好"。要把握好这个"度"，做到合情合理，就要在言语表达上下功夫。述职不仅要有事实的陈述，还要用具体事例来印证。选用典型、生动的事例，会使讲述生动活泼，更具说服力。事例越贴近实际，就越能拉近与听者的距离。另外，述职时不可避免地要用到一些总结性数字。这些数字的运用也要合情合理，要确保准确无误，不能夸大，也不能缩小。在言语表达上，要尽量避免出现"大概""好像"之类模糊的词语。对一些主要成绩的数据来源，要说得清、道得明，并且在能用数字说明的地方要尽可能用数字，因为数字只要准确便是无法驳斥、无法否定的，也是最能说服人的。

4. 述职报告需要显示事业心和能力。有的人不知述职怎么述，只好生搬硬套"德、能、勤、绩、廉"的框框，于是衍生出一套新八股，让人听起来昏昏欲睡。其实述职报告应以述事为主，通过述事，把"德、能、勤、绩、廉"融为一体，由此可以避免那种呆板的表述。

第一，注意"事"的归纳与提炼，体现工作思路的系统化。作为领导，肯定做了不少工作，但怎样表述，却是述职时的一个难题。这里要注意两个问题：

一是不要把每一项工作简单罗列。例如，你是负责后勤的公务人员，你抓了单车棚的建设，解决了职工停放单车的问题；你在职工食堂添置了一批餐桌，解决了职工就餐没有地方坐的问题；你给每个单身宿舍购买了电热水壶，解决了职工喝水难的问题。于是你把这些工作列为第一项、第二项、第三项。看起来层次很清楚，但听起来就会觉得你做的都是一些小事，而且你肯定还有别的事要列，结果显得很凌乱，没有重点。其实这三件事都属于为群众办实事，或者叫关心群众生活，可以把它们归纳到一个大题目下，使它们系统化。而且你这一年的工作事先有个整体思路，这些子系统的工作又应当统领在你的整体思路之下，这样才能体现你总揽全局的能力。

二是不能事无巨细地全部搬出来。一来时间不允许，二来过于细致反而会冲淡"重头戏"。你要向听众表明的是，你知道你的职责是什么，你的工作重点是什么，你要解决的主要矛盾是什么；你在抓工作时，具有高屋建瓴的指导思想、打破陈规的工作思维、求真务实的工作作风、切实可行的工作措施。最终做出了成绩，取得了效果。所以你列举的事例是为这样的目的服务，你事先要认真提炼，选择最有分量、最有典型性的事例来证明你的智慧和能力，而不仅仅是业绩。

第二，注意述事的角度，要"述"出事业心和能力。述事

言语表达

要讲究技巧，应当陈述在做某项工作时，面对复杂的背景和困难，是如何树立正确的方针策略、施政理念，设定明确的目标，以及为贯彻理念和达到目标所采取的措施和步骤，直到取得了满意的成果。这样的陈述听起来是客观的，但能突显你抓工作和解决问题的思辨能力、计划能力、判断能力和创新能力。而与此同时，一个办事认真且能把事情办好的公务人员，其勤政与品行也自然被体现出来。

5. 述职报告需要语调、语速、无声语言相互配合。述职报告主要是依靠有声语言来传达的。有声语言的特点是声过即逝，述职只有在当时让听者听清楚、听明白并理解，才会有效果，才能达到述职的目的。因此，公务人员在述职时就要注意语调、语速的运用。有研究说，使用上扬语调易给听者造成悬念，提高其兴趣，但若持续时间过长则会引起疲劳；而降调能表现说话人的果敢决断，但有时也会显示出主观武断。得体的语调应该是起伏而不夸张，自然而不做作，因为富于感情变化的抑扬顿挫总比生冷平板的语调更能打动人。同时还要注意，同样的句子用不同的语调处理，可以表达不同的感情，收到不同的效果。因此，公务人员在述职时，语调上应呈现出日常口语的自然状态，停顿、重音、快慢、升降等均按日常口语的状态加以表现，不要带着朗读或威严的"领导式"的腔调述职。述职过程中，可以看稿子，但不能照本宣科，更不能埋头"苦读"，要注意把握语调、语速；要注意停顿，不时环视听众，这样往往能引起听者的注意，收到更好的效果。述职的声音还应该富于变化，根据具体的内容可抑扬顿挫，时大时小、时高时低、时快时慢，尽可能给人以动感、美感和轻松之感。

虽然述职的思想内容主要靠有声语言来表达，但无声语言的配合使用往往能带来事半功倍的效果。因为无声语言的恰当运用，合乎人们的听觉习惯，易使听者倍感亲切，从而增加感染力和信服力。无声语言，也就是我们常说的体态语。公务人员在述职时，要注意无声语言的运用，善于用自己的体态语感染听众，有目的地调动听众的情绪。一脸沉默或者满面春风都是不可取的，应该根据述职的内容来调整自己的体态语。也就是说，领导要具备良好的体态语言表达能力，能恰当地运用无声语言来配合自己述职的内容。

6. 述职报告需要言语流畅。言语表达的流畅主要在三个方面：一是层次清晰。二是内容过渡。用"第一、第二、第三"是一种过渡方法，每一段的开头使用中心句也是一种过渡方法。总之，不要让听众听起来感觉断断续续。三是言语鲜活，避免生涩，避免听众因感到费解而造成思维障碍。

以下是某招生办负责人的述职报告摘要：

"由于学院刚刚成立，招生是我工作中的首要任务。从五月份开始，我带领招生办的同志，到 11 个地区、39 个县的中学做宣传。到 3 个矿务局，14 个地、县煤炭局，19 个煤矿联系行业内生源。耕耘虽然辛勤，收获却也令人满意，今年高职专科招生××人，比上年增长 27.8%。行业内学历教育与短期培训学生达到××人，比上年增加 1.5 倍。"

"新生人数增加，管理的难度加大了。学生在校期间最让人揪心的是人身安全，所以我把安全工作摆在优先地位……"

言语表达

这位同志采取由"行动"到"结果"的方式陈述,言语顺畅。用中心句引领内容,听来清晰自然。尤其是把前一段最后一句的"果"作为后一段第一句的"因",转折巧妙,上下段衔接得天衣无缝。

7. 述职报告需要把握"尺度"。主要包括以下四点:

一是时间"尺度"。尽量不超时,如果超时说明你计划性不强,对事物的把握能力有限。如果没有明确规定时间,作为基层干部述职,也应在半个小时左右述完。

二是内容"尺度"。述职的内容,除多少问题,还有高度和深度问题。"当时若不登高望,谁信东流海洋深?"述职者的视角不能犀牛望月,不要光看到浮在表面的几件事,而是要用一种鸟瞰的视野,"述出"你总揽全局的能力和善于创新的智慧,"述"出对国家、对人民的强烈事业心和责任感。这样听众才会对你刮目相看。

三是用词"尺度"。对自己不要用赞美之词,比如"事业心很强""决策果断""贡献较大"之类的定语不要自己讲出来,要让听众去评价。再就是不要言过其实,听众心里有一本账。"画水无风空作浪,绣花虽好不闻香。"只有说实话,吐真言,才能令听众信服。

四是自评"尺度"。自己评价自己,有隐性评价和直接评价。隐性评价表现为讲成绩、讲效果时,把其他领导的功劳和下级的功劳全都揽到自己头上,以此来突出自己,实际是一种自欺欺人的做法,因为听众心知肚明,这是要特别注意的。直接评价自己的问题和是否称职、是否胜任的结论,既不要夸大,也不要缩小，原则是真诚面对听众，既对组织负责，也对自己负责。

第十二节 电话沟通的言语表达

一、电话沟通概述

电话是单位和个人同外界联系、接收信息的主要渠道。日常工作中公务人员接打电话看似是小事，实际上其中有着大学问。接好、打好电话，对顺畅沟通、做好工作十分重要。正确接打电话，既是公务人员应当具备的基本技能，也是良好精神风貌的具体体现。

接打电话有一些基本的环节步骤，既要有所掌握，又要灵活运用，总的原则是"礼多人不怪"。

1. 打电话。打电话主要包含几个环节：问候语，如"你好""您好"（对领导、长者要用尊称）；确认通话人，如"是××处吧""哪位"；自报家门，如"我是××处的××"；说明事项，如"有个急件，请尽快来取一趟""××文件有个问题，需要与你们核实一下，您看找谁联系"；结束语，如"再见""好的"。

2. 接电话。接电话主要包括几个环节：问候语，如"您好"；确认通话人，如"请问您是哪里""请问您是哪位"；听清事项并做好记录，重要事项要向对方复述核实，如有疑问当即沟通解决，必要时留下对方的联络方式；结束语，如"再见"

言语表达

"放心""马上办"。

二、电话沟通中的言语表达特点

电话沟通具有方便及快捷的特点，属于双向沟通，能够减少面对面对话的压力。同时，电话沟通具有目的性，弊端是看不见对方的肢体语言而容易产生误解。

1. 服务用语的使用。接打电话过程中要能够准确使用服务用语规范，十字用语"请、您好、谢谢、对不起、再见"不离嘴边。俗话说伸手不打笑脸人，专业、自然、灵活地运用礼貌的服务用语可以降低通话对象的不满情绪。例如，在征询意见的时候可以说"您看这样解决行吗，您还有什么要求，请您把电话号码告诉我好吗"，出现失误道歉的时候可以说"对不起，是我们的失误，谢谢您的体谅"等，将命令变为征询，将失误变为得体，让通话对象感到亲切、舒服，这样既能达到目的，又能很好地缓和气氛。

2. 服务态度规范。通过电话与服务对象交流的过程中，首先要学会耐心、专心、用心、关心地聆听，不能打断说话，更不能事不关己、高高挂起，注意力不集中。虽然仅仅通过声音沟通，但是声音的音色、音调等都可以流露出情感，交流中要亲切而不做作，干脆而不冷冰，语调柔和，恰当地把握轻重缓急和抑扬顿挫。无论对方的性情如何，我们都要保持平和的心态去应对，切忌解释无朝气，语气平淡、不热情、不耐心。

三、电话沟通中的言语表达常见问题

1. 接电话前准备工作不充分，对工作内容不熟悉，业务不熟练。有些公务人员特别是新上岗人员，对于工作环境和流程还没有很好地适应、学习就开始进行接待工作。对于各种可能出现的问题和状况没有事先分析，导致在接打电话过程中言语表达不够流畅，说话吞吞吐吐、反反复复，甚至在接打电话过程中需要临时抱佛脚，和同事现学现卖。甚至遇到问题不知所措，不知道该如何解决和回答。

2. 语速过快，不善于停顿和强调重点，声音感染力不够。这里所说的感染力并非声音音质本身，而是说话的方式。由于电话沟通中只能通过声音和服务对象进行交流，没有眼神和肢体语言的交流，所以富有吸引力的言语表达尤为重要。每天接打电话成百上千，处理问题不计其数，导致电话接打过程中普遍存在工作积极性降低、语言没有韵律的问题。说话语速偏快，没有顿挫和停顿，给人一种尽快处理完、尽快挂掉电话的匆忙之感，毫无感染力。很多工作人员自身音质很好，但由于长期工作形成习惯，说话听起来没有活力，缺少热情和魅力，这种声音会让服务对象觉得更像是在和电脑或者机器人对话。

3. 不能很好地适应服务对象，流露出不耐烦的语气。有些工作人员说起话来冷冰冰的，明显感觉到与通话对象间没有互动和融洽沟通，并且很容易流露出不耐烦的语气。例如回答问题的时候，第一次解答态度还可以，第二次解答的时候开始明显不耐烦，第三次就有可能是没好气儿地答复了。这样使双方

言语表达

都感觉很压抑,很冷漠,一方面工作人员觉得服务对象无知、无理,另一方面服务对象又觉得办事人员太冷漠,工作怠慢,气得想给"差评",无法很好地沟通交流,解决问题。

一位在镇政府任党政秘书的同志讲述了一个他同事因电话沟通态度不佳而引发问题的事例。一个夏日午后,党政综合办公室的电话响了,同事接过电话:"喂,您好!""我找你们镇长!"对方的口气让人觉得无礼和强硬。同事心中顿时感到不快,但还是忍住了:"请问,您是哪位?""你管我是哪位干吗,我找你们镇长!""对不起,镇长暂时不在,您有什么事儿跟我说行吗?""你是干吗的?在我们村边修公路占了我的田,马副镇长都解决不了,你是谁呀?跟你说?你能解决?就找你们镇长!"同事火了:"你这个人怎么这样,我说过了,镇长不在!不跟我说,你也不至于在电话里吵吵嚷嚷的呀!""吵吵了你又能咋样?你们政府是干什么吃的?"同事气得火冒三丈:"干什么吃的也不是听你吵吵的!"说着,把电话咔的一声挂掉了。结果,第二天,打电话的人找到镇长办公室,手中拿着一个录音笔,同镇长理论:"镇长,占地的事我先不说,你先听听你的下属对待老百姓的态度,这就是共产党的干部吗?"说着,这人把录音笔递给了镇长。原来这是一个缠访户,预先把昨天的通话录音了。后来经过镇长一番调解,事情才算平息。因为这次事件,领导专门给党政办的同志开了一次会,强调了接电话的要求,当然,那位同事也受到了严厉批评。诸如此类事情在基层经常发生,如果人人都意气用事,不计后果,往往会给单位和领导带来不必要的麻烦。所以,接听公务电话,任何时候对任何人都要心平气和，不可动怒。

4. 不注意使用礼貌用语。一般在接打电话的过程中，只有在开头和结束的时候使用礼貌用语，而在整个通话过程中就很少或者基本不用礼貌用语，从开头的"您好，很高兴为您服务，请问有什么能够帮助您"到"你怎样怎样"。让人觉得开头的几句礼貌话也只是工作要求、规定罢了。

四、电话沟通言语表达要把握的要点

1. 知己知彼，百战不殆。要想工作顺利、流畅，在进行实战前一定要做好充分的预习工作，了解工作的流程以及服务对象的基本情况，多多思考工作过程中可能出现的问题和状况，而不至于措手不及，做到心中有数、兵来将挡、水来土掩，解决问题自信、游刃有余。所谓磨刀不误砍柴工，事前做好准备工作，既能提高工作效率，又能提高工作的积极性，否则整天手忙脚乱。

2. 控制语速，提高声音感染力，用心传递。接通电话后首先听到的是声音，所以拿起话筒的时候也要保持微笑。因为快乐的情绪不仅表现在脸上，也会通过声音进行传递，在你微笑时你的声音也是欢快、积极的，你满脸愁容、心事重重时，电话中也会传递你的负能量与不耐烦。所以一定不要绷着脸，亲切、柔和的声音会让对方即使看不到你的面部表情，也会感受到你的真诚。语速时快时慢，恰如其分，音量大小适中，声调抑扬顿挫，可以在通话对象心中描绘出一个最佳的形象，受人喜欢，同时你的工作也会得到认可与肯定。

言语表达

3. 与服务对象建立融洽的关系氛围。负责电话接听的人员每天接待的服务对象不计其数,无论服务对象是什么人都要积极、热情,建立一个良好融洽的交流环境。首先,电话打进来一定要及时接听,接通电话后应立即说"您好",然后通报自己的单位名称,根据情况还可以报上自己的姓名,例如"您好,这里是××单位办公室,我是小李"。如果未能及时接听电话,应首先向对方表达歉意,"您好,这里是××,抱歉让您久等了",如此一来即使对方已经等得不耐烦,也会因为你的礼貌态度而情绪缓和。其次,接打电话过程中要认真倾听,注意细节。在接打电话过程中应尽量避免打断对方的讲话,为了表示自己在专心聆听,可以适当地用"嗯""是""好的"等进行互动,并且交流过程中要保持态度认真,要有礼仪规范,接听电话时注意嘴和话筒保持4厘米左右的距离,耳朵贴近以便仔细倾听,过程中不可吃东西、吸烟和嚼口香糖等。最后在电话交谈即将结束时,要谦恭地问一下对方"请问还有什么能帮助您吗",确认没有问题后方可挂断电话。

4. 注意礼貌用语的使用。礼貌用语的使用在电话沟通中是基本要求,礼貌源于心底里对于服务对象的尊重和职业素养,而不是岗位硬性要求,礼貌用语的使用要贯穿整个谈话过程中,且使用得当,不能过于死板、机械。使用礼貌用语,要讲究礼仪,用文明礼貌的语言表达热情友好的态度,体现良好素质,维护机关形象。

第三章
言语表达四大通病解析

公务人员的言语表达具有一定的职业特点，其言语的表达风格、逻辑性、严密性以及效能都与其他职业不同，充分运用好、发挥好言语工具的作用在日常工作中极其重要。因此，对于公务人员言语表达的作用的研究也就更有意义。人们在工作中往往有一种习惯思维，做什么事先找成功模板，而工作经验告诉我们，发现问题、研究问题比盲目学习别人的经验更有价值，因此，对新入职的公务人员来说，首先要了解并掌握问题，"发现不了问题，就是最大的问题"，然后才能有针对性地进行学习与提升，使自己的言语表达尽可能地准确通顺、合乎语法逻辑、鲜明生动，在此基础上，使言语表达恰当得体，做到适时、适情、适势和适度。

言语表达

第一节　有语无言：说话无思想、无观点

在中国现代汉语语言表达中，"语"和"言"是两个意思。"语"是运用声调、节奏、发音大小来表达要说的目的、意义及动机，是人与人、人与群体沟通中通过发声来传递信息的重要手段和工具。"语"在我国广阔地域中是按地方语言来划分的，具有浓厚的民族、民间、民俗风情的说话风格和特点，不同地域的语言包含着深厚的地域文化和传统的民俗习惯。"语"在汉语语言中，很多带有约定俗成性，如成语、谚语、歇后语等。"语"在表达中，还有一定的技术性和理论性，如语法、修辞，都是在研究和探索语言表达的一般规律性，是重点体现怎样把话说得更精确、更简洁、更完善。"语"是在国际交往中，划分国界和确立民族区域的重要交际标志，如汉语、英语、韩语、西班牙语等。"语"的后面是文化，不同国家的语言，语法和修辞规律也不同，在交往、翻译的过程中，个人的文化修养以及基础知识和阅读能力，对一种语言的把控就极为重要，不是一般情况下的通译，而是一种语言转换成另一种语言的再创造。例如，把中国的《红楼梦》译成英文版，翻译人员如果对中国文化、中国历史、中国人物特征以及俗语、谚语、诗词缺少了解和学习，就很难把中国语言中的内在思想和意境及现场对话中的场景表现出来。因此，"语"是中国人从小到老，都要边说

边学、边总结边提高的一门学问,也是一门智慧,是具有传承性和发展性的交际手段,受家庭、家长、家教、家风影响很大,一个人从刚刚学说话到长大,在工作和社会中"语"的特色、特点极为明显,可以说,"语"是一个人交往和交际的第一张名片,也是让对方初次认识了解一个人的第一印象。

"言"与"语"既是一个词组,又有区别,"语"是外在的表现,"言"是内涵的沉淀。"言"是通过"语"的表现形式表达给对方的。在通常意义上讲,"语"是表现手法,"言"是表达目的;"语"传递的是声音,而"言"传递的是思想。"言"是思想、理念、智慧的代表,如言论、言行、言语、格言、名言、发言等,这里说的"言",是指有观点、思想、主张等内涵的话。领导人讲话称言论,是有指导性、方向性的话;知名人士讲话称名言,是具有启发性、引导性的话;朋友之间在人生有变化阶段讲的话称赠言。"言"是一个人在成长阶段中不同时期最能代表成长过程的标志性体现。《黄帝内经·上古天真论》中描述黄帝成长用了24个字:"昔在黄帝,生而神灵,弱而能言,幼而徇齐,长而敦敏,成而登天。"其中,弱而能言,讲的是黄帝在很小的时候就能说出带有一定道理的话、有思想的话,而不是弱而能语。俗话说,"言为心声"。每个人的话都带有自身的身份、职业、思想、性格、心理素质和文化教养。公务人员的"言"是职业的交往工具,具有鲜明的职业性,每个人的职业转换、身份转换和环境转换应该表现出不同的语言风格。

我们对刚入职或工作三年以内的公务人员语言表达的通病做了较为系统的分析,总体具有以下表现:

言语表达

一是身份与语言表达错位，职业与言语不同步。我们很多从大学考入公务员队伍中的学生，入职后，很长一段时间说话还常有较浓的学生腔，张嘴闭嘴都是讲概念、说理论，语言风格常有较强的学院派、学生腔，服务对象和单位领导听不进、听不懂、不愿听，工作沟通和服务群众都产生了距离。

公务人员的语言风格的核心基础是为人民服务。心里装着人民，言语表达中才能心口合一，把政府的政策语言、政治语言、经济语言通过公务人员转化成人民群众能够听得懂、听得进、记得住、用得好的话，这是需要训练、历练和培养的。空话、套话、官话是公务人员语言表达的大忌。要一针见血、一语中的，要讲究言语效率和效能。

在现实生活和工作中要学会身份转变后言语风格也要随之改变。例如，在家里与母亲说话，你是晚辈，就要以孝为先，听从母亲的教诲；到了单位，你是公务人员，你的交往、交流对象发生了变化，你从孩子的身份转变成了为人民服务的公务人员，说话的风格、语气、语言就要有较为鲜明的语言特征、语言风格，就要有较强的职业特点，要从群众的视角、人民的需求以及政府的职能重新设计语言，要研究怎么说能让群众听得懂、怎么讲能把一个惠民的政策快速传递下去，用什么言语能让一个好政策迅速变成人民群众的自觉行动，这是一名公务人员工作的基本功和看家功夫。因此说，言语表达要因时、因地、因人、因事转变，要养成在自己身份发生变化时，你的言语表达也要与身份相符，错位说话容易成为幼稚、天真、不成熟的代表。

二是职业与言语风格不搭,沟通交流受阻。公务人员的言语风格是有一定职业特征的。我们在日常生活和工作中经常能感觉到接触一位陌生人,听他说话,就能判断他是什么职业。例如,教师说话,总带有一定的条理性和逻辑性,在表达自己观点时,还注重自己的外在的形体表现,具有较强的职业特征。再如,军人说话总带有一定的执行力和军队风格,你一喊他的名字,他第一反应是"到",有极强的军营感觉和执行意识。那么,公务人员的语言风格应和蔼、诚意、质朴,言语中渗透着可信、可行、可做的直觉和感受,在交流中有一种言语表达背后很强的政府服务意识和诚信。在现实工作中,刚入职的公务人员相当一部分人缺少这种言语训练,不知道公务人员说话的风格,入职后很长一段时间还没有说话风格的调整和改变,在工作中给服务对象留下的是不成熟、不靠谱的印象。我们在调研中发现:部分政府服务窗口的工作人员,上岗前的培训中缺少言语表达训练,一个政策和一个服务项目,在与服务对象交流中,语气、语调、语音、语速都与职业不符,缺少服务意识,言语表达缺少真诚、和蔼,而服务窗口出现纠纷和矛盾,往往不是事没办好,而是话不投机。

三是对象和场合不相称,效果和效率差。公务人员在言语表达中往往受环境场合、交流对象、任务与目的的制约和限制,经常出现因场合与对象的不同产生的交流沟通问题。在日常公务活动中,要想使言语表达质量与效果统一,要注意修炼的是随机应变、随人应变、随场应变。在平时说话时要注重分对象、分场合、分时间。与低保特困户交流,就要有同情心、同理心,

言语表达

使自己与交流对象在一个平台唠嗑,说心里的话,交流对象才能与你用心对话,才能感受到公务人员的背后是党和政府,才能体会到温暖和幸福。在日常用语中,"你、我、他"是常用的词语,运用得好会事半功倍。在与特困群众交流中,尽量少用你和我,把特困群众与政府对立起来,如扶贫中如果总用你的困难就是我们的困难,把你与我用身份区别开来,言语在表达中就十分生硬,缺少情感上的融合和切入。要学会多用"我们",在交流和工作中把政府和特困群众放在一个平台上交流,"现在的困难是暂时的困难,在党的领导下,我们一起努力,早日脱贫"。这样,就把对象变成了一家人,在特定的场合中形成了亲切、亲密的情感交融。

第二节 有言无物:说话空洞、无实际内容

梁启超所著《刘蜕集·跋》中:"言之无物,务尖险,晚唐之极敝也。"袁枚《随园诗话》卷八中:"今人诋呵七子,而言之无物,庸鄙粗哑,所谓不及伪者是矣。"毛泽东在《反对党八股》一文中指出:"空话连篇、言之无物的演说,是必须停止的。"说话是公务人员交流和工作的重要工具。言语表达好的公务人员,说的话精准而有情感、丰富而活泼。有些公务人员特别是刚入职的公务人员,由于不重视自己的言语能力提升,经常出现以下方面的问题:

一是言语无味。说话无中心、无主题、无目的,有嘴无心,

这是公务人员语言表达的大忌。公务人员说话要言之有物，这里的"物"主要指：有核心内容。要表达什么，一语道明，一句话要说明白，言简意赅，有时间、地点、人物。说话一般要表达或告诉人一件事，事情的发生、发展进程、时间地点人物就成了说事的"三要素"。要学会讲故事。用故事教育人，用故事启发人，用故事鼓舞人，用故事感动人。这是言语表达中效果较好的方法和手段。语言表达大师告诉我们，一位有经验、有威望、有感染力的公务人员要学会讲故事，讲好故事，用自己的故事和别人的故事讲述出故事折射出来的道理，用故事达到自己要表达的目的。

二是说话冗长。在互联网时代，人们接收的各方面信息广泛多元，当你说了一句话，别人就已经知道你要说什么的时候，你的言语就失去了表达的意义，再说多少都属于垃圾语言。据有关专家研究，在信息量爆炸的今天，人们听一件事的容忍性只有三分钟，超出三分钟，人们的注意力开始转移，关注力出现转变，你讲得再好也没人听了。公务人员讲话长而空洞使自己的公信力下降，影响力降低，人们对你的诚信也会出现下滑。说话精练、简洁、通俗、得体既是公务人员的基本功，也是个人综合素质及个人修养的外显。公务人员在讲话前，要学会在心里打草稿，要讲什么，讲多长时间，讲几个问题，用什么导入，怎么做才能快速表达核心意思，这是基本功和良好的职业习惯。

三是说话繁而杂。公务人员讲话要有闻其声知其人、听其言知其理的效果。把繁杂、复杂的事用几句话能说明白，这是

言语表达

本事和本领，公务人员要学会用智慧统率言语，用真情融合言语，言语有真情实意，言语包含民情，言语入脑入心。把简单的事说得很复杂，把通俗的事说得很难懂，这在公务人员工作中屡见不鲜。出现这种情况，主要原因有四个方面：第一，说话不自信，总想把话说得多一点、长一点、复杂一点，显得自己有水平、有学问、有知识。其实事实正好相反。第二，说话不研究听众，老生常谈，一种语言到哪都这么说，说话不能关注对方的反应和感受，只关注自己的感觉，自我感觉良好，对方感受很差。第三，言语无情商。情商是一个人为人处世的核心技术，也是人脉、人情、人气的助推器。情商在人际交往和沟通协调中往往处在重要位置。情商的高低和运用、应用得体是公务人员言语表达的基础课。简单地说，情商就是"关注自己的情绪，能够控制自己的情绪；关注别人的情绪，能够控制别人的情绪"的能力。在经济多元化、科技普及化的今天，物质需求已达到了相对饱和，人们对非物质产品的消费越来越重视，而且开始在感受经济的环境中得到更多的体验和享受。在社会各阶层的职业群体开始越来越关注心情、心态、心智的今天，掌握并用好"情商"这一管理工具，对于公务人员来说更为重要。第四，缺少跨界融合的发散思维。说话又长又无内容，究其原因是平时对社会发展进步、科技创新发展和相关联的工作发散思维关注不够造成的。在互联网时代，万物互联，事与事、事与人、人与事、人与人之间出现了前所未有的相关性，在互联、互动、互生中产生了极大的创造性和创新性，颠覆了长期固有的传统思维和习惯，新事物日新月异，过去的三十年河东、三十年河西的慢节奏变成了三天河东、三天河西,在这种社会中,新事物、新技术、新职业、新概念、新语言天天在出现,人们稍一疏忽,说话表述就会落伍。当今,人与人的接触,几句话就能知道是不是现代人,是不是与时俱进。公务人员是推动社会进步、经济发展的重要力量,也是促进科技飞跃、环境优化的主要责任群体。因此,要长期关注社会发展,研究经济进步的内在原因,要关注新事物、新经济、新语言,在日常工作中融入新内涵,让言语表达更具时代性、先进性。

第三节 有言无趣:说话缺少幽默感和亲近感

这里讲的"趣",多指人的胸怀和格局,人的眼界和眼力,人的通达和直率,人的幽默和风趣。在现实生活工作中,我们经常发现,优秀的领导干部说话中渗透着哲理,洋溢着幽默,蕴含着快乐,人们愿意听、愿意接受。而现有的公务人员中,少数人说话不重视方法和手段,缺少沟通中的润滑剂——幽默,说话直来直去,不讲方法,不假思考。说话没有艺术元素,虽然也表达了自己的主张和意见,交流沟通了应该做的工作,但冷冰冰的语言,缺少温度和黏合情感的元素,使工作的连续性和持久性受到一定的影响。

在现实生活中,人们受快节奏的工作和生活影响,放松、轻松、愉快成了人们工作和生活的必需品,谁创造了快乐,谁制造了愉快,谁营造了娱乐,谁就成了赢家。群众喜不喜欢、

言语表达

拥不拥护、愿不愿意接触,"趣味"成了公务人员联系群众的重要黏合剂。增加"趣味"能力,成了言语表达的重要能力。电视和网络播出"趣味"节目受欢迎,收视率高的主要原因是人们越来越需要寻求快乐、购买快乐、享受快乐。世界各国领导人、科学家、发明家身上都充满了"趣味"和人格魅力。公务人员言语表达中的"趣"主要包括以下内涵:

1. 趣中有情。讲话中前几句就能吸引住人,有情有义是基础,风趣幽默是关键。一个善用趣言妙语的人往往把"情"埋在"趣"事里,悄然让你喜欢,突然让你喜爱,用"趣"传情,用"趣"助情,用"趣"融情,"趣"成为传情表意的媒介和桥梁,让听者与公务人员在"趣"中凝结友谊,建立关系,夯实政府与群众的情感基础。有这样一个事故,也是一个有趣的故事。在一场晚会刚开始不久,由于线路故障,除主持人话筒外,音响、屏幕都处于瘫痪中,现场突然一片寂静。主持人急中生智,为大家讲了一个故事:有一次,一个著名的教授在大学讲课,当课讲到一半时,教室里突然停电了,按理说这是让人感到烦恼和尴尬的时候,谁知这位教授却说,本来我长得就不够好看,光线再亮,赋予我的脸庞也毫无意义,这下好了,我终于可以从自卑中走出,在黑暗里找到我的全部自信,因为我要讲的东西才是最重要的。后来,点上了两根蜡烛,那个时刻是当晚经历了的人们感到最精彩的一幕。这个故事经过主持人的表述,变得非常精彩,还恰当地契合了现场的情况,赢得了现场观众热烈的掌声,不知不觉工作人员已排除了故障,主持人又不失时机地幽默了一句:"有时候一点点挫折能让你的感动更长久，请用掌声鼓励一下我们的工作人员！"通过风趣幽默又适情适景的几句话不仅化解了尴尬，还活跃了气氛，言语表达的魅力与艺术运用恰到好处。

2. 趣中有理。一般情况下，讲道理都是冷冰冰的，人们不爱听，如果把"理"放在"趣"中说，听起来就有意思。

3. 趣中有乐。把工作当学问去研究、当事业去奋斗、当艺术去追求、当娱乐去享受，这是工作的最高境界。当娱乐去享受，工作着也快乐着。"乐"是人生的永恒主题，是贯穿人生全过程的重要元素。言语表达中没乐、少乐、缺乐，语言就像白开水无味，乐是言语表达中的糖，可让言语表达充满魅力，渗透甜蜜的向心力。说话让人高兴、让人快乐、让人愉快，这是言语的艺术与技巧融合的产物，创造快乐，自己高兴，他人也高兴，在乐中谈事、在乐中说理。公务人员要在做中学、学中练、练中提高，让乐说成为公务人员与服务对象的融合桥梁。有人说："让自己高兴是美德，让别人高兴是功德，让社会上的人都高兴是道德。如果自己不高兴，让别人也不高兴是缺德。""乐"是言语表达的基础要求。人们花钱买高兴，体验"乐"——听相声、看小品，这是人的本能需要，是人本的基础。公务人员的言语表达，要在"乐"上下功夫。

4. 趣中有悟。好的讲话要给人带来思考，好的沟通要给人送去快乐，好的言语要给人留下记忆。春晚小品中的一句话，全国人民说了一年，变成了约定俗成的"新语言"，其核心的原因就是：人在快乐的时候容易记忆。语言学的价值是在言语交流沟通中能在话中有悟。一句风趣幽默的话，在人们大笑之后，

言语表达

沉淀下来的能给不同群体带来深刻的感悟和思考。话中有话、话中有意，在谈话交流后，言语还能绕梁三日，这是言语的功能。2010年1月15日，国务院在中南海召开了《国家中长期教育改革和发展规划纲要（2010—2020年)》职业教育座谈会，我作为全国人社系统唯一代表作了汇报，从人力资源市场供求变化、中小企业发展需要、技能人才队伍发展现状、技校校长工作感悟四个方面汇报了对职业教育的看法和建议。在汇报到企业发展需要时，我说："知识经济时代，知识的时效性很短，20世纪60年代学什么专业去从事什么工作，知识能用30年，90年代，学什么专业从事什么职业，知识能用10年，到了2000年，我们学什么专业去从事什么工作只能用3~5年。时效性缩短，人们对知识的转化率就越来越重视。现在有两种人最悲哀：一是人死了知识还没转化出来；二是人没死，转化知识的能力没了。"这是沈阳企业家描述知识经济时代知识转化率重要性的风趣语言，这让汇报工作的言语有趣、有乐、有悟。

公务人员说话有"趣"，不是低俗、滑稽，也不是有意把严肃话题说得很平庸。"趣"是把民间大智慧与小话题巧妙融合后的效果，是大哲学与小道理交互后的能量。

公务人员讲话无"趣"常有一定的普遍性，很多人怕"趣"用不好成为不严肃、不正派，影响自身形象，因此说，在长期的工作中，历练"趣"话还是硬功夫、长期任务。

第四节　有言无韵：说话缺少韵律和艺术

说话的能力和艺术不是天生的，是从实践中训练培养出来的。人如果没有良好的口才，就像鸟儿没有羽翼。没有经过训练的人，说话不会断句，不会轻重、停顿，不会加以情感，不会正确发音，不会把握言语的艺术，不会把内在想法非常动听地表现出来。在世界语言中，汉语表达是最丰富、最有内涵的。在朗读和训练中说话韵律运用得当，能够增强言语的表达效果，让言语更具有一定价值。"韵"在言语表达中，好像是说话中的"盐"。没有韵味儿的言语给人的感觉就像做菜没放盐。因此说，韵律、韵味、音高、音准、音色、音量都是言语的艺术。一份稿子不同人朗读，效果相差很大。韵味儿十足的言语，能给人留下形象的思考，带来美好想象的空间，言语表达的艺术可以唤醒人的创造知觉，带入空间想象的环境，引起人的无限遐想，激发人的情感，让人与朗读的内容产生共鸣，让人的情绪得到调整，进而达到超值的效果。

我们在日常工作中，有些人不注重、不注意自己的说话韵味和效果，在交流中缺少对语言的把控和适度的处理，结果很好的一句话让人听起来不是很舒服。公务人员言语表达虽然不用像演员那样具有一定的韵味和感染力，也不用达到"源于生活，高于生活"的艺术效果，而且在工作中过于强调韵味儿容

言语表达

易出现与交流者沟通有障碍,但没有韵味儿容易出现言与意的内涵效果失真。因此,把握好韵,要因人、因地、因时、因事来处理,要使韵与言语的内容统一,韵与交流的对象相适应,韵与事件的重要程度相一致。

"韵"在公务人员言语表达中,不能单纯指诗词的韵律与韵味,也不是指戏曲表演中的人物语言刻画,这里的"韵"侧重讲含蓄的意味和情味的风味,让人听了入耳、入脑、入心。具有一定文学功底的人,讲话中就很容易将内在的储存瞬间外显,让人感到轻松愉悦,悦耳动听。有些伟人在日常工作和交谈中,言语表达就时常韵味十足,特别是谈到兴头上,诗意会大发,内心的巨大文学能量会与人和事形成紧密的联系和创造性的衔接,使交流工作像在谈诗作画,又像谈戏说曲,让人感到既兴奋又受鼓舞,非常容易让交流者和群体都渗透在言与景、诗与意的环境中。"韵"是可以造境的,也可以促情,其作用有时会让人体会到外音,感受到言语里面的哲理、言语外面的意境、言语前面的展望、言语后面的联想。公务人员了解并掌握"韵"是言语表达内功的外显,使用好"韵"并创造性地加以提升,这是言语表达能力再生、重生的标志。

公务人员言语表达中的"韵"是职业能力中沟通力的润滑剂。说话让人愿意听,这是多年生活和工作的深刻沉淀而成,非一日之功。因此,提升讲话的"韵味",要着重在三个方面下功夫:一是用心说话,用情交流;二是关注环境,注重对方情绪和心态;三是讲究技术,研究发言规律。

一段有哲理、有思想的话,如果让一位没有言语表达能力的人去说，内涵和言语价值也会打折扣。由此可见，"韵"的后面蕴含着智慧，"韵"的里面隐藏着个人的修养和潜能，有"韵"的言才有力量，有"韵"的话才能影响人。

说话中的"韵"不单指表达艺术，在公务人员的言语表达中，"韵"的产生源于思想感情和职业的内涵，只有心里装着人民，情感中能融入群众，说话才会有情有义、有韵有律。"韵"是外在的表现，而产生"韵"的基础是职业的价值观、人生观。

公务人员的言语表达，"韵"的作用重点体现在一句话、一段话的情感注入后的表现。无韵则无情，无情则难表意。说话的韵律运用好，言语表达中就会产生极大的亲和力及感染力，使工作更加有价值，使自身更有动力。

言语表达中的通病研究的意义和价值在于三个方面：

一是发现不了问题是最大的问题。往往我们不注重说话的细节，不去深度研究说话的技术与艺术，很少下功夫去思考说话完了之后的效果和效能，带来了工作质量不高、人际关系不好、做事效率偏低，因此认真回味和总结我们平时的说话，不断找到存在的问题，这是职业发展和能力提升的重要内驱动力。

二是在总结提炼中增加言语表达能力。在公务活动中要不断发现自己的语病，也要善于观察总结别人的语病，在不断收集、整理、归纳各种语境中提高自身对言语表达的再认识、再升华，进而使自己的公务言语表达更好地为工作目的服务。

三是在深度研究语病产生的原因中形成研究习惯。一个人的习惯是由日常积累和有意识训练形成的。研究言语表达的通病，目的是要更好地说话，要养成在发现言语表达通病、研究

言语表达

言语表达通病中提升言语表达的感召力和表达力。

言语表达中的问题，每个人都多少存在，关键在于我们是否用心对待，研究对照后加以调整，使我们的职业影响力从说话开始不断加以修炼提升，最终实现职业价值和个人的生涯成功。

在管理学和社会实践中，我们发现成功很难复制，管理无定法，而失败却可以总结出很多教训，让人更清醒做对事。因此，研究"钢是怎样炼废的"的作用和意义会更大。发现问题、解决问题，再发现问题、再解决问题，这是事物发展逻辑上升的规律，也是成功的必经之路。

第四章
提升言语表达能力的七大修炼

　　公务人员言语表达能力的修炼主要是指非知识体系的能力，属于个人在平日生活与工作中，对客观事物处理后的总结提炼，是修心、修志、修养的积累和沉淀。"修"与"炼"是学习感悟后的实践，也是一名公务人员的良好职业习惯。"修"是一个人自悟、自省、自律、自觉的由内向外的过程，《礼记·大学》"正心、修身、齐家、治国、平天下"讲的修身，也是强调内在的提升和提高，使自己的人生和谐统一，达到幸福完美的境界。"炼"是指一个人得到醒悟后的实践过程，是不断地实践、持续地用心琢磨后的行为。"修炼"在现实生活和工作中，不同于培训和学习，也有别于训练和考察，公务人员的修炼主要指进入职场后对职业能力提升的一种内修外炼，是深层次的自我开发，是终身的必修。对职业能力的长期修炼，会使一个人形成一种良好的思维模式，还可以养成良好的做人与做事习惯，坚持数年必有成效。

　　一名公务人员的言语表达是与其个人的思想、观念、立场、

言语表达

态度有着密切关系的。有什么样的思想基础就有什么样的观念、观点及立场，而这些是公务人员言语表达的重要基础。因此，加强内功训练是公务人员的重点。

第一节　修德：职业与"三观"及职业道德高度一致

树立正确的世界观、人生观、价值观，塑造良好的社会公德、职业道德、家庭美德，是公务人员道德建设的必然要求。言为心声，有什么样的道德就会有什么样的言语。

首先，树立正确的世界观，言语表达具有全面性、系统性、科学性。世界观是人们对世界总的看法和观点，要科学地认识世界，客观地认识事物，不断修正自己对事物观察的客观全面认识，运用辩证唯物主义原理，强化自身不断提升了解、认识、处理事物过程的全面、客观、系统、深刻的习惯，在社会发展过程中，不断地修正错误，追求真理，在实践中使自身的世界观得以提升。公务人员在日常的言语表达中，几句话就能反映自身的"三观"。注重对世界观的修炼，应从以下几个方面入手：

一是关注自己观察了解事物的角度、宽度和深度，有意识地训练自身把握事物的全面性，多维度、多角度、多层次地加以训练，把一个事物放在立体视角加以分析研究，这种全面性不是平面的而是立体的，不是单一的而是多元的。任何事物都有它的多面性，我们如何发现、发掘，分析了解这种习惯性的训练,对自身世界观的确立有着重要意义。人们认识真理的能力是有限的,但人们对真理的追求是无止境的。坚持真理,修正错误,在不断实践的过程中逐渐使自己的世界观升华和完善。因此,要想让自己的言语表达更准确、更全面,我们就必须清醒地意识到,没有正确的世界观,公务人员的日常工作沟通、协调就会出现问题,职业与职业言语就会出现背离,工作质量和效果就会出现问题,甚至出现言语错误。

二是训练自己观察事物发展变化规律的能力。事物总是发展变化的,这是事物发展的基本规律。我们在日常工作中要善于观察事物在发展变化中的周期规律,要在事物动态中寻找静态,在静态中发现动态。变是永恒的,在变中求变,在动中求动,用发展变化的观点统率言语与行动,在事物发展变化中不断总结提炼自身的感觉和感悟,进而产生自己的言语表达词汇和语句,在表达、表述中亮出自己的观点和认识,提升言语表达的魅力和影响力。

三是提升对事物本质的认识,在实践中加以完善提高。认识事物的本质是人们在实践中不断加以修炼的过程。事物的根本性质一般是不容易被发现的,必须在实践中做有心人,善于归纳总结,提炼升华,在普通矛盾中发现特殊矛盾,在一般问题中找到主要问题,善于在事物发展变化中找到根本所在。发现规律是本事,控制本质是能力。善于在普遍规律中发现本质问题,抓住主要矛盾,抓住牛鼻子,一切问题迎刃而解。公务人员要有全面看问题的眼界,发展变化中发现问题的眼光,发现事物本质的眼力,才能出色地完成公职任务。

言语表达

其次,树立正确的人生观,言语表达更具人格魅力。人生观是对人生的看法,也是对人类生存的目的、价值和意义的看法。人生观是由世界观决定的。人生观是一定社会历史条件和社会关系的产物,人生观是在人们实际生活过程中,逐步产生和发展起来的。公务人员的人生观是言语表达中的核心所在。人在交流沟通中,人生观总会在交谈中有所流露,如果人生观不正确,以享乐主义、悲观主义、实用主义为主导,就会把负能量的思想在公职环境中放大,害人害己。公务人员的人生观要以群众的利益为前提、为先导,把群众利益、人民利益放在第一位,将为人民服务作为人生目标和任务来完成。增强公仆意识、服务意识、吃苦意识,才能做好公职工作。人生观的提升和实践是公务人员永恒的主题,在社会发展的经济环境、物质环境快速变化的时期,人生观也要不断完善提升,使人生观在物质和精神双重发展的社会进步中,不断修炼,使职业与人生观同步。人的语言形成是伴随职业、年龄、阅历、经验而产生的,思想是言语的生产基地,公务人员的人生观确立产生的思想会支配言语表达,产生行为动作。改革开放以来,正反两方面的案例告诉我们,人生观改造是人生的风向标、分水岭、两极分化的起点,满脑子吃喝玩乐的人不会说出为人民服务的言语,不会履行好为人民服务的公职,权力在手就会产生交易,而人生观正确、职业与人生观一致的人,就会把为人民服务作为人生价值的体现,吃苦就会感到值得,受累就会感到幸福。公务人员树立正确的人生观,心里就会有群众,眼里就会有工作,行为就会与党中央保持高度的一致,忠诚于党、忠于公职就会变成自觉的行动。

最后，树立正确的价值观，增强言语表达的职业价值导向。价值观是人生目标和人生态度在职业上的具体表现，是一个人在职业上的认识和态度，也是理想、信念在职业上的具体体现。价值观在言语表达和公职工作交流沟通中具有重要的指导人生方向的作用和实用价值。价值观思想认识上的统一是沟通中言语表达的基础，价值观利益上的互动和协调是沟通中言语表达的重要核心，价值观信息上的沟通是言语表达的内在互动关键，价值观在应用实践上的一致是人际关系中言语表达的基本保障。学习和实践社会主义核心价值观（富强、民主、文明、和谐、自由、平等、公正、法治、爱国、敬业、诚信、友善）应成为公务人员的自觉行为和内炼的基本功。

正确的世界观、人生观、价值观的确立，是公务人员言语表达的重要基础。好比建大楼的地基，基础的坚实决定楼的坚固和寿命。由此可见，要想把话说好，"三观"是要义。在公务人员的职业生涯中，"三观"的确立还具有一定的稳定性、持久性。因此讲，没有正确的"三观"，言出无物，言出无理，言出无味，言语与职业的责任、义务很难一致。公务人员要想在职业上持续发展，更好地为人民服务，修德将成为永恒的职业人生主题，将伴随着职业生涯的全过程。公务人员应在修与炼中不断提升自身的"三观"认知、感知、自知，并不断地加以实践。

修德，"三观"是基础，"三德"是关键。职业道德、社会公德、家庭美德在公务人员言语表达和行为准则中，同样起着

言语表达

不可替代的作用。

第一,职业道德。从广义上讲主要是指从业人员在职业活动中应该遵循的行为准则,包括从业人员与服务对象、职业与职工之间的关系。职业道德主要内涵包括八个方面:

1. 职业道德是一种职业规范,受社会普遍认可。
2. 职业道德是长期以来在实践中形成的。
3. 职业道德通常体现为观念、习惯、信念等。
4. 职业道德依靠文化、内心修养和习惯,通过单位内职工自律来实践。
5. 职业道德,一般没有很强的实质性的约束力和强制力。
6. 职业道德的主要内容,一般情况下是对单位内职工的义务要求。
7. 职业道德在不同职业中的标准是多元化的,不同的单位和行为有不同的价值观。
8. 职业道德承载职业文化和凝聚力,具有较为深远的影响。

职业道德在公务人员的言语表达中具有规范标准、规范行为的作用。

职业道德与公务人员言语表达能力的提升是树根与树干的关系。根部不庞大,枝干也长不粗,要想根深叶茂,必须下功夫在职业道德上加强以下六个方面修炼。一是熟悉并持续研究公务人员职业道德规范内容并加以实践。二是养成自律、自省、自控习惯,提升自身职业修养,使自己与职业标准要求贴近。三是逐渐熟悉并掌握公务人员的言语风格与言语表达方式,使言语与职业高度一致。四是不断提升文化素养,把内涵式发展作为入职后的长期生涯目标。五是注重提升道德层面的内功修炼，让看不到的东西（修养）厚积薄发。六是注重积累修德之后的言辞，形成有思想内涵的言语智库。

第二，社会公德。主要指人们在社会交往和公共生活中应遵守的行为准则，是维护社会成员之间最基本的社会关系秩序，保障社会和谐稳定最起码的道德要求。主要内容为：文明礼貌、助人为乐、爱护公物、保护环境、遵纪守法。社会公德是一个国家、一个民族在历史长河中长期沉淀下来的、公民认可的道德准则，在社会活动中人与人之间起着极为重要的作用。

公务人员所从事的工作具有鲜明的服务性、公众性、政策性、导向示范性，在执行公务时应成为社会公德的倡导者、实践者和引领者，首先成为社会公德的践行者和领跑者。

有公德心就能形成公德行为，把社会公德融化在心里才能做到言行高度一致。公务人员的社会公德是基础中的基础，应成为职业生涯的起跑线，在讲文明、献爱心、讲卫生、济贫困、尚科学、爱集体等方面，事事做在前面，让言与行同社会公德同步，真正形成自觉行为。

第三，家庭美德。家是社会的细胞，也是组成社会的重要元素。一个民族的强盛，一个国家的可持续发展，在某种程度上，家是重要的基础，家风、家教、家训都是培养人的重要起点。因此，家庭和睦、家庭教养、亲缘关系，在很大程度上都会影响公务人员的三观，也会直接影响个人修养、人格魅力、精神状态及工作质量。

尊老爱幼、男女平等、夫妻和睦、勤俭持家、邻里团结，

言语表达

这些行为准则都是构成和谐社会的内因,有了这些内因做基础,才能说话和气、讲话文明,言语有修养,用词准确,在人与人沟通时,才会事半功倍。

第二节　修言:职业与职业语言风格的完美统一

语言风格也可以理解为言语表达中的特有格调。在职业分类中,不同职业的从业人员,由于长期工作环境、工作对象、工作内容、工作性质的差异,言语表达的风格也有不同。观其言而知其业,听其语而知其人。在繁杂的社会职业相互交织、交换中,人的言语表达会不自觉地展现出个人的职业属性,在交谈和访谈中,每个人都会在说话中贴上职业的标签。

在现实的社会交往中,职业与职业语言风格的关系常表现在以下几个方面:

1. 在语言风格中渗透职业的特征。有生活阅历和识人经验的人常说:"听你几句话,就知道你是干什么的。"说话能反映出职业,这是心理学研究的内容,也可以通过说话检验一个人的职业与言语表达是否相符。每个年度进行的公务员考试分为笔试和面试两个阶段,笔试入围后,检验和考查的主要内容就放在言语表达与职业匹配上了。一个人说话具不具备公务人员的潜质,有没有公务人员的诚信基础,考生的综合分析能力与人的处事风格、自我认识程度、组织策划能力、应变能力等,都是通过言语表达风格体现出来的。因此,言语风格与职业特点一致，才能表现一位公务人员表里如一的完整人格。干什么活说什么话，从事什么职业就应该具有什么语言风格，这是公务人员修炼的第一节课。具体做到"三修三炼"，"三修"是修德、修业、修身。修德，这里讲的重点是职业道德，一名公务人员要修好自己的职业道德，奠定良好的为人民服务的基础，要忠于国家，恪尽职守，公正廉洁。修德是公务人员言语表达的核心基础，有什么样的职业道德就有什么样的言语表达，工作交谈和沟通中就会带出自己的思想和潜在的世界观、人生观与价值观。一名公务人员从入职第一天开始，就应将修德作为入职的永恒修炼，用职业道德规范自己的思想和行为，实现自身的职业价值。修德是一种自生、自律、自省、自觉的过程，要发自内心地进行内修，忠于党、忠于国家、热爱职业。修炼得越深越好，你的言行就会与内修一致，就会形成一种无形的力量助推你的职业发展和个人进步。无数案例证明，优秀的公务人员、卓越的领导干部，在他们的成功背后，长期自觉修德是他们成功的主要原因。"修业"是指从公务人员入职开始，就应牢固树立刻苦学习、努力工作、勤于思考、勇于创新的思想。要有修业之道，要有恒心，精进不止。修业是一件持续而又需耐心的职业能力刻苦内炼之功，要在长期的工作实践中加深加强自己对所从事职业内在规律和运行方法的不断提炼和总结。在修中感悟业的价值，在修中历练自身的匠心和匠魂，在修中感悟业的技术、技能和技巧，深度发掘出业的价值，在修中体会业的变化、变迁和变革。修业是一个职业人的境界和对职业热爱的心态，能反映出一个职业人的胸怀和格局。业修到什么

言语表达

程度，人的言语表达就有什么高度和广度，言语的表达中就会表现出一个职业人的业务能力、职业潜质和职业的影响力。因此，修业是一个公务人员的基础功课，也是自我开发、自我提升的内驱动力。公务人员的"修身"主要是规范言与行的修炼。身主要指公务人员在职业中的行为表现。"静以修身，俭以养德""天行健，君子以自强不息；地势坤，君子以厚德载物""淡泊以明志，宁静以致远"都是在描述"修身"。"修身"在公务人员的行为规范中，还有讲规矩、讲宽容、讲礼仪、讲道德、讲文化的意思。"修身"是由内向外的一种修炼过程，也是公务人员行为准则的外显。人们常说的"言行一致"，讲的就是修身之后的言语表达。"修德"使言语有立场，"修业"使言语有内涵，"修身"使言语有影响。

"三炼"是炼法、炼律、炼功。"炼"是用简练的言语表达出形象生动、含蓄深刻的意思。"炼"是经过精细化锤炼和创造而达到"语不惊人死不休"的境界，使语言在千锤百炼中得到升华进而令人感动和感染，能够唤醒意志，激发斗志，使言语表达实现其超价值的外显。炼作为动词来表现，其表现的是一个较为复杂的用心、用脑、用意的过程，是在做的过程中充分融入匠心和独创之意，专注力和创造力、发散思维和逻辑思维相融合的一种力量，在历练中得到升华。

"炼法"主要是指公务人员在入职后对职业与工作相关的法律、法规、规章、制度、政策的深入学习和实践。它是带着问题、带着需要、带着工作感悟，反复对相关法律和政策学习提炼，加强认知、感知、自知的内省过程。"炼法"不是通常意的法规常识的学习过程,也不是在实践中讨论提高的互动,而是发自内在强烈需要的一种自炼,在充满了内需愿望中的深度悟性学习。实践证明,公务人员的法律意识与法规学习对于提升公务人员的执政、执法形象影响力有着重要作用,对提高公务人员的言语沟通能力、言语表达能力、言语表达效率和效果及言语表达质量有着极为密切的关系。"炼法"是公务人员具备法律意识、法律语言、法律思维、法律行为和依法履职,用法来约束自己的重要内功。

"炼律",这里的"律"主要是指规则、标准、规范,也指约束。一个人的思想没有规则和约束,言语就会随意、随便、随性。公务人员的职业特点要求自律思想、行为、言语。公职的职业责任是为人民服务,在职业发展和职业能力再生中,由于权力和职能的扩大,对内的修炼和约束就显得尤为重要。因此,在提升言语表达能力的修炼中,历练"律"就成为保障公务人员持续发展的内驱力。

"炼功",这里的"功"主要指公务人员的必备能力的修炼。首先,要学会倾听,练好听功。公务人员的工作性质是与群众接触,每天都能见到来自不同层面的办事人员,耐心听取群众的反映,用心体会群众的诉求、要求,这是需要历练才能达到的。耐心听一位群众的诉求和要求是容易做到的,但常年都能耐心倾听,这是需要培养训练的。公务人员听不进、听不懂、没耐心听,就很难与群众沟通,更不可能把话说好,让人听懂、听进。倾听是公务人员言语表达的前提和基础,没有用心倾听也就不可能不断提升言语表达水平,更不容易达到良好的沟通

言语表达

效果、提高沟通的质量。实践证明,凡是言语表达优秀的公务人员,大都是在倾听之后有感而发的。越是职务高、资历深的公务人员,他们在交往谈话时越能聚精会神地倾听对方的讲话,其状态、眼神及注意力都在对方的身上,让对方感到双方除了语言交流外,心灵也在融合,这种交流沟通充满了相互信任、彼此尊重的氛围。相反,如果公务人员在沟通交往中不注重倾听,对方和你交流,你漫不经心,一会儿看手机,一会儿关注电脑,眼睛与对方没有交流,整个状态处于似听非听、心不在焉,沟通的言语也就缺少了信任和尊重。倾听既是公务人员的必修课,更是公务人员的个人修养和职业道德。其次,要学会思考。我们在沟通交流中要学会说话前的思考,主要学会换位思考、站位说话。要在对方的立场、角色、身份基础上酝酿话怎么说,说什么。换位思考是提高言语表达质量的一种有效的方法。一般情况下,公务人员换位思考都会改变言语表达的心智,调整言语表达的内在情感,使语言在交流中有声、有色、有情、有义,双方能迅速切入主题,在较为复杂的问题交流沟通中也易于达成一致意见,也会使言语表达实现事半功倍的效果。换位思考,换的不仅是位,更能表现出公务人员的胸怀、格局,也能反映出公务人员的职业素养和品质。通常情况下,用换位思考组织语言,说话会出现三种变化:一是称谓变化。我们日常说话都经常用你、我、他,用得最多的是我,与沟通和交流的对象对立起来,这样无意中就给沟通带来了称谓上的分离。二是情感变化。人在换位中,会产生很多联想和感触,往往在换位后会使自己改变态度,调整角度,把你和我说成了我们,把心理上的转变,用语言来表达,双方的话就会越谈越近。三是结果变化。换位后的交谈,一般都会带来良好的结果。一些善于换位思考的人在与群众交流中,一次服务沟通就与对方成了终身朋友,还有的公务人员把有意见、有诉求、常年上访的人也变成了好朋友。因此,换位思考不仅是一种思维,更是一种公务人员需要历练的职业能力。最后,要学习经典。中国共产党执政的永恒主题就是为人民服务。从新中国成立初期到现在,无数领导干部和优秀人才在言语表达上,特别是在不同场合、场景、对象变化中,都有着极为经典的语言表达范例。对于新入职的公务人员,要注重学习老一辈革命家的言语表达风格,注重研究,在优秀言语表达的后面,蕴藏着巨大的智慧和能力,要善于学习领悟,善于将其引入自己的语言智库,应用于实践。

2. 在语言风格中表现职业能力。言语表达是占比很大的一种职业能力。言语风格是一个人在日常工作中的语言习惯,有些人善用成语,有些人善讲故事,有些人善用文言文,有些人善于把复杂问题简单化,言语风格是一个人长期积累和习惯用语的表现,风格是一个人职业能力的具体体现,具体表现在以下三个方面:

第一,用好情感语言增强沟通能力。言语沟通是公务人员最常用的一种工作方式,也是一名公务人员做好工作的关键性基础。一句话怎么说,有没有用心表达,是否了解再说话,言语中是否注入一定的情感,语音、语调以及肢体语言、面部表情、眼神都在沟通中起着重要作用。情感语言是一个人在表述

言语表达

和交谈中,人与人之间说话的氛围、语言交替中的呼应和认可赞同,相互之间的彼此认可,以及语法中的叹词、修饰语的恰当使用。例如,在语句中常用"啊""好""哎""嘿""噢""嗯"等。

"啊,真没想到你取得这么大的成果!"

"嘿,功夫不负有心人啊!"

在沟通交流中,言语的情感因素是沟通的成事内因,一句话里有没有情感成分,对方在接受和交流中的内在感觉是不一样的,情感语言常是一种带有亲情、感情的语气,让人听着舒服,能激发对方的情感交流,加深信任,增进了解,建立朋友关系的语言表达方法。公务人员的职业能力中的沟通力,其核心表现在把话说软了,把事办成了。一位公务人员如果盛气凌人,高高在上,用权力说话,用职务说话,用官气说话,沟通就会事倍功半,脱离群众。运用好情感语言要注意几个问题:要真情实意,用心表达言语,不能口是心非,装出一副感情的外显,看起来不真实、不现实、不感人;要设身处地地为对方着想,把情感和情意关注点放在对方所关注的主题之上,情系群众,才能出真情,说真话;要学会说带有情感的话,如先从对方熟悉和关心的人和事上谈起,这样,一下可以拉近沟通双方的距离,把要说的主题和要沟通的事放在后面,先铺平垫稳后再进入主题,往往这样做效果比单刀直入好得多。"情感语言是沟通的高效工具",这是已经被很多成功者证明了的一条规律。因此,公务人员学习并掌握运用情感语言沟通工作,已成为大众公认的公共服务常用的管理工具。

第二，用政策语言提升执行力。公务人员的语言表达中，政策性语言是一种严密、严谨、严肃的语言表达风格。在日常工作中，公务人员经常需要传达政策、讲解政策、执行政策，在言语表达中，政策性语言通常具有以下特点：一是为什么要做。意义和作用是什么要讲清楚。用言语表达为什么要做，要充分体现政策语言的深刻性、引领性和启发性，要用精确的言辞，科学地描述政策制定的社会价值、经济价值和民生价值，要让人在听懂、听清的情况下，对政策产生信任，自主自愿自发地学习贯彻。这些预期效果都需要有人在政策发布前宣讲，在政策执行中宣传，在政策评估中总结。讲政策制定意义、作用以及价值，要充分运用好政策性语言的三要素：通俗而深刻，精准而通达，致远而适用。二是怎么做。谁来做要讲透彻。怎么做是方法论，具体措施、方法、手段以及做事的流程要通俗易懂地讲清楚，要让群众和执行者及受益群众一看就知道怎么做，一听就知道政策的普惠性、引领性在哪儿。三是要讲清政策的要点和持续性、联通性的意义。任何一个政策都不是孤立的，都与经济、社会有着密切的联系。因此，要讲清连续性的好处所在，把政策的持续、联通说明白，这样就能使政策有了执行者的再创造，政策的附加作用和联通效益就能得到彰显。

政策性语言忌夸大其词，要防止无中生有，要注重政策的施用范围和对象，量化要准，执行要严，防止和杜绝利用政策以权谋私和不作为。

第三，用好智慧语言表现职业潜力。公务人员在语言表达中要"敏于思而讷于言"，要学会用智慧统率语言。公务人员的

言语表达

言语多与少，快与慢，什么时候该说，什么时候少说，什么时候只笑不说，什么时候只说不笑，在哪儿插话，在哪儿停顿，怎样表扬和肯定别人，怎样用好褒义词，怎样用好贬义词，怎样贬义褒用，怎样用好量词，怎样启用故事，怎样用好数字，怎样把小事与大事相联系，说明趋势性问题怎样把联系性、发散性、哲学性、跨界性的问题通俗地讲出来，而且生动感人，都主要取决于公务人员的语言智库和智慧语言。与不同人交往中游刃有余，既诚恳又言语不多，"大辩若讷"，言语准确而又不失幽默，大方而又不低俗。在这些言语表达的技术与艺术之间的互动中体现公务人员的职业潜力，让群众感到你可信任，让领导发现你有潜质，让业内的人说你是专业，让专家说你是人才。因此说："一位公务人员的职业潜力在很大程度上是通过言语表达实现的。"领导发现人才，选拔接班人，培养后备人才，听汇报时能发现人的潜质，讨论问题时能发现人的胸怀格局，座谈时能发现人的言语资本，开学术会时能发现人的创造力，大是大非前能发现人的立场观点，这些都是通过语言把内在的心理感受和观念展现出来的。

第三节 修智：用故事讲理，用表说话，用图表意

公务人员的言语表达要达到超值的效果，实践证明，必须借助有效工具或表达方法，才能事半功倍，实现预期效果，达到工作目的。

一、用故事讲理

"故事"是描述已经发生过的有一定借鉴意义或引以为鉴的事。每个人的人生都会有很多难忘的故事，人类能够记载下来的故事都是文化传播、民俗传递、精神传承、技术延续中的极为重要的载体。在人类历史长河中，历代历史多数都是以故事体裁传承下来的，用故事启发人，用故事教育人，用故事改造人，用故事激励——已成为历代教育不可缺少的手段。

心理学家发现，人们在接受一种思想、一种教育、一种技术时，用故事形式讲述效果是很好的，原因是人们记忆中沉淀下来的是有时间、地点、人物、情节的鲜活的故事，例如"孟母三迁""刻舟求剑""郑人买履"等成语故事都具有一定的启发教育性。现代教育体系中的工商管理硕士（MBA）就是通过故事（案例）来教学的，在故事里面分析成败原因，找到做事的一般规律，形成一定的管理理论。

有些地方法院为了进一步普法，采取了"以案说法"的方式，收到了较好的效果，中央电视台《以案说法》节目中就采用了经过艺术包装的故事，这种方式更能引起人们的关注和兴趣，寓教于乐的效果就更佳。

公务人员在实际交流沟通中为了减少和避免出现空话、套话、官话和废话，学会讲故事是一门基本功训练。学会讲故事，讲好故事，用故事表达自己的感情，用故事启发教育群众，用故事增进情感，效果是非常好的。

1. 收集储备好故事，将道理、政策蕴含在故事中润物细无声。一名优秀的公务人员一定要注重收集整理有价值的故事,平时养成记录故事的习惯,在碎片化的故事海洋里,要善于辨真伪、察真情,要将好的故事记载下来,自身感受,自己提炼,感动说服别人之前要先感动自己。

用故事讲理是最直接、最通俗、最容易让人接受的。一个好的故事,能激励人的一生;一个明理的故事,可以改变人生。

2. 在恰当场合,针对恰当群体,用好恰当的故事,让公共事业的推广执行入脑、入心、入行。讲好中国故事,讲好身边故事,是每名公务人员应具备的能力。有经验的公务人员经常讲,说一堆道理不如讲一个身边的故事,让群众对我们的工作可信、可靠、可行。

故事不是可以随处讲的。场合、地点、受众群体、要达到的目的等都要精心策划,有充足的准备。故事怎么开头,如何引起对方的注意,如何让对方接受,怎么讲能让故事更有启发性、思考性,如何与听故事的人互动,这是一种技术,更是艺术。让故事入脑、入心,变成人的一种行为,侧重在以下几个方面做足文章。一是把故事恰当切入谈话或交流中,要首先把控听众的关注点、感兴趣的事,以及交流沟通的目的和意义,让故事替代大话。用感人的情节和故事的人物事件,把听众带入一种环境,提升一种境界,使自己和故事及听众三者融为一体,享受到故事情节中的快感,改变沟通交流对象的认知,让故事深入人心。二是深度了解听众的身份、经历、现状及需求或诉求,用故事点燃听众的希望,唤醒他们沉睡多年的期望,要用故事情节拓展听众的眼界,用故事中的人物开阔听众的眼光，用故事中的经典语言提高听众的眼力，进而达到大道理用小故事启发，小事件用大故事来解决。三是讲故事中带解说，让带有启发、引导、教育的一些语言，通过讲者的总结提炼加旁白，使故事再上一个新高度，直接将要解决的问题与故事有效衔接，形成因果关系和案例教学效果，让道理在故事里融化，让听者有一种"日用而不知的醒悟"。

用故事讲理，古今中外有很多名人轶事，也有很多脍炙人口的案例，运用过去发生过的事，暗喻、明喻告诉人们道理，其功效是极好的。

3. 用故事讲理，感动别人之前要首先感动自己。

自己把自己说服，是一种理智胜利；自己把自己感动，是一种心灵的升华；自己把自己征服，是一种人生的成熟。

但凡说服、感动、征服了自己的人，就有力量征服一切挫折、痛苦和不幸。在现实生活中，受挫折一次，对工作的理解加深了一层；失误一次，对人生的醒悟加深了一阶；不幸一次，对事件的认知成熟了一级；磨难一次，对成功的内涵透彻了一通。

从这个意义上讲，公务人员的言语表达能力要想达到顶峰，首先要把失败、痛苦、不幸、挫折和磨难读懂。

在日常的工作中，合理的要求是训练，不合理的要求是磨炼，训练的是技术，磨炼的是人的意志。

公务人员的言语表达能力提升不是一朝一夕就能实现的，修炼就要有失败、痛苦，也可能有不幸，这些都是修炼的过程，一帆风顺是不可能的。

言语表达

二、用表说话

"表"是常用的工具，运用得当会使工作变得更简单，把深奥的变得更直观。表的核心元素是"数"，在大数据时代，我们要学会运用"数"来进行分析、统计、研究，让数字变成数据，让数据变成报表，让报表变成决策依据。这是当今公务人员要深度学习开发应用的技能。"数字经济"已成为我们社会的一种形态，公务人员要学会收集整理数据，开发融合数据，创新应用数据。

我们在日常工作中关注数的变化，分析研究数的来源，在动态中了解、掌握变化的数字后面的因果关系，就能做到"心中有数"。

用表说话要修炼的三种能力：

1. 向领导汇报工作时，学会用"表"说话，为领导提供可参考、有价值的决策依据。一般情况下，向领导汇报工作的时间有限，如何充分利用好有效时间，让时间增值、达到良好的汇报效果呢？一是把信息集中在领导关注点上发力，充分运用各种相关资料数据，在横向、纵向上分析后，列出数字比对表，运用同比和环比分析提供参考依据，在集中发力点上体现"表"的作用，给领导留下充足的思考空间，用表拓展领导思维，用表表述研究问题的纵、横向关系，充分调动"数"变成"表"之后给领导的直观感觉，使一"表"抵万言。二是充分运用人工智能的庞大体系，在大数据背景下提出汇报问题和研究工作的超前性、创造性和问题性，在发散思维后集中一个问题的多元性，用"表"加以反映，充分体现"表"的预报、预测、预警功能，让"表"出智慧。三是以"表"为轴心，集中精力，把要汇报的工作用几张表连接起来，形成较为严密的逻辑关系，使"表"与"表"之间有内在的联系、递进关系，围绕"表"说话，运用"表"表达，拿着"表"汇报，以"表"为中心组织言语，言简意赅。

2. 到基层工作时，学会用"表"说话，让数字、数据发挥作用，体现公务人员的严谨工作作风，给人"表里如一"的感觉。公务人员到基层工作，往往不注重运用辅助工具工作的方法，结果有时效果不佳。有经验的公务人员，特别是陪同领导下基层时，一定要做足功课，将相关资料、数据整理好，用时方显作用。数字和表是工作中最能表现成果、反映问题的工具。基层工作者由于地域和工作范围局限，宏观的思考偏少，我们到基层工作要学会并熟练掌握把宏观数据和外地、外国的情况用表来体现，用数字来说话。在数字同类比较中很容易发现问题，看到差距，引起思考，启发思维。

3. 与同事交谈、交流中，学会用"表"说话，促进交流工作、研究问题的互动氛围，拓展讨论深度、广度，加深对工作的认识。一个部门、一个单位的同事，经常在一起讨论问题，这种方式有点像"无领导小组讨论"。总有一人的观点和建议让大家认同，形成共识，这个人就是公认的"心中的领导"。我们要善于在同级、同志的讨论中出类拔萃，用表说话是较好的方法，有"一表抵万金"之效。要达到这种效果，要在平时注重相关资料、数据的收集、整理和归纳，做到有备无患。在讨论

言语表达

中,如缺少数字、数据的比对分析,没有"表"说话,好像做菜缺少盐,无味无觉。运用好"表"来表达自己的观点、主张,令人信服,可靠性强,容易让人一目了然,也是公务人员言语表达中提升语意、创造语境的较好方法。

三、用图表意

在日常生活工作中,容易让人轻松产生记忆的是"图",在生活节奏、工作节奏快的今天,人们都希望把一个复杂问题用一个图来表示,这种时代被称为"读图时代"。

中央电视台的《新闻联播》节目,全国十几亿人都在看,能让不同职业、不同年龄、不同地域、不同文化的人在30分钟内了解中国每天发生的大事,播音员的工作量和说话的难度是极大的,他们将一些信息用示意图来表现,就收到了极好的效果。

用图表意是言语表达中提升沟通效果,提高交流质量的好方法。公务人员的工作,很多时间都用于交流和沟通,如何要把表达的信息置入"图"中来表"意",如何把信息和思想变成令人信服的"图",从而引起受众的极大关注,使受众明白无误地理解你的意图和想法,把想要传达、告知的政策简单、快捷地让对方知道,"图"是较好的媒介和工具。

用图表意是"读图时代"最好的言语表达手段和方法。行为科学家的实验证明:人与人在交流中,视觉交流占比30%,关注人的目光,用"图"来吸引人的注意力是很重要的元素。用好"图"也是言语表达能力的重要组成部分。

1. 学会运用"思维导图"使言语表达更具发散性。"思维导图"是托尼·博赞创造的,他因此成为英国头脑基金会总裁、"心智文化"概念的创作人。

思维导图又叫心智导图,是表达发散性思维的有效图形思维工具,简单又有效,被称为革命性的思维工具。思维导图运用图文并重技巧,把各级主题的隶属关系与相关层级表现出来,运用图、文、色彩建立记忆链接,充分开发人的左右脑机能,有记忆、阅读、思维的规律,协助人在科学与艺术、逻辑与想象之间平衡发展。放射性思考是人类大脑的自然思考方式,思维导图把文字、数字、颜色、符号编入图中,让主题下面的分主题产生发散,形成多中心后再扩展,给人以不断扩展延伸的思考,实现一个问题的系统性发散后的逻辑关系。

运用思维导图辅助言语表达,要将图与事紧密结合,用图说事,图中要表达的中心应有一定的扩散性、结构性和层次性。

运用思维导图辅助言语表达,要在学懂弄通其原理和应用价值后,用自己的语言把要表述的事在图上讲清楚、说明白,让受众在图上拓展思路,在图中感受扩张,在看图与讲解后留下形象思维的沉淀,引起思考,达到对某一项工作或事情的深度了解和结构、层次上的再认识,使言语表达更具发散性和记忆性。

2. 学会画图说话,使言语表达更具形象性。相对抽象的东西往往用语言表达很费劲,如果能边说边画,以画补充完善抽象的表述,效果会更好。

到医院就诊时,专家为了帮助患者了解病情,在纸上画出

言语表达

病灶所在位置,用图讲解病情,在图上普及医学常识,给人的感觉是透彻、清楚,深入浅出,把很高深的医学原理用一张图说得清清楚楚。

在现实工作中,我们也经常碰到一些抽象不好表述的事,在交流中如果能边画边说,用图说话,那就会更直观,更容易理解。有时候也可以在网上下载一些图做辅助工具,"讲十句不如看一张图",在工作中学会用图说话、画图说话、借图说话,这是一种好习惯,坚持做会有较大的收获。

学会用图说话,使言语表达更具生动性。美国哈佛大学的老师上课,为了提高交流质量和教学效果,他们在上课时,运用多种辅助手段讲课,实践证明,效果是很好的。

在日常工作中,要学会用图说话,让"图"围绕主题,让图在宣讲和交流中起到更大的作用,使交流沟通的言语更加生动、具体,具有更大的吸引力。

思维导图规则如图4—1所示。

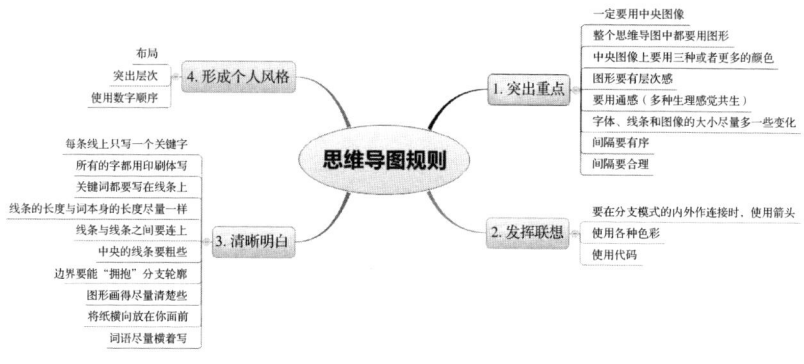

图4—1 思维导图规则

第四节 修慧：提升言语表达的"三觉"境界

慧是人在极度安静的环境下，经过长期修炼，静思后产生的思想、理念、战略、方略以及带有趋势性的思考结果。"静能生慧"就是指这些。慧和智不同，中国文化中的汉字起源多是象形字。"慧"是心字底，中国文化心是通神的，上面两个丰字，表示具有强大丰富的内心思考储存及运动中产生的巨大思想能量。"智"是日字底，汉字中日字底、日字旁是光天化日之下的行为和表意，如明、照、阳、音、旦等，都是看得见、摸得着的。

修慧，核心是让人在静思中沉淀出学习感悟，在繁忙中静下来觉醒和觉悟，深度思考在实践后规律总结的精华，以及能够持续性地扩展成体系的个人思想成果。"慧"是自然与人互动后产生天人合一的阶段性感悟，也是人与人、人与自然如何更和谐、更科学、更自然的一种理性指导。

一、视觉——言语表达的印象

我们在说话时，交流的双方除了运用声音表述要说的内容之外，进入视觉的信息，也同时在给言语表达增加可信度。公务人员的言语表达中的视觉印象包括衣着、形体、发型、气质、手势、面部的变化、眼神的交流等。一个人的言语表达中视觉

言语表达

元素占40%左右，缺少视觉元素的讲话，人们听起来好像鲜花缺少绿叶一样单调。公务人员中有些人不注重言语表达给人的视觉印象，突出表现在八个方面：着装与职业不符，言语的内容与服饰打扮错位；五官呆板，表情冷淡，言语表达与情绪不搭；讲话时肢体随意，形象与职业不相称；发型时尚，色彩凸显，视觉与内涵冲突；有形无神，精神不振，直观感与工作状态不搭；死记硬背，空话套话，言语与内容干瘪；有声无意，心不在焉，精神与表述低质；有语无言，有声无意，表述内容与中心目的脱节。

解决好这些问题，光练习发音是不够的，要做到形、神、言的统一，要关注自身的视觉细节和习惯，才能逐步实现从说话到发言、从发言到言论。

形象永远走在成功的前面。

二、听觉——言语表达的入心之声

一个人讲话的声音是取决于听者兴趣的。某位相声表演艺术家说：为什么你们花钱来听我说话呢，是因为我说话有趣、有味、有觉。播音员磁铁般的声音，专业演员能将人带入幻想，中央人民广播电台的"经济之声"节目和"夜读"节目都有较强的听觉价值，听其声如见其人。

听觉是人听觉器官对声波接收后产生的感觉通道，在人的生活工作中起着重要作用。公务人员在言语表达中如何提高听觉价值，所说的话让人听后记得住、留得久，有影响、起作用，"觉"的作用是很重要的。要使言语表达让对方有"觉"的功

效,你所讲的话要具备以下功能:

思考后有沉淀的醒悟;

感觉到有启发的觉悟;

回味之后的顿悟教育;

日用而不知的人生课。

我们在言语表达中经常出现的问题是无觉,说和没说一样,听和没听一样,说话让人有听觉这是经过历练后的一种能力。提升"觉"的能力要历练以下 11 种功夫。

把若明若暗的事说明白了;

把别人困惑多年的疑问化解了;

把别人常说的观点深化、转化了;

把一个问题的答案多元化、系统化了;

把大家长期形成的习惯扭转了;

把大家都关注的小事从大道理上讲清楚了;

把繁杂、复杂的问题讲简单了;

把理论知识、概念化知识通俗化、大众化了;

把高新技术产品用两分钟讲解让农民也听懂、会用了;

把互联网、人工智能的作用联系实际讲透彻、说明白了;

把多年固有的思维模式颠覆了。

讲话只有入脑入心才能形成认识,才能从认识转变成认可,才能从认可转变到听觉。

中央电视台请一位院士讲纳米技术,这位院士说:什么是纳米?我们先来做个调查。镜头切换到上海南京路,记者问一位女士:请问什么是纳米,您知道吗?回答:好像是高新技术。

言语表达

镜头又切换到了沈阳机床集团,问一位工人:您知道什么是纳米吗?工人回答:不太清楚,应该是高新技术。镜头又切换到了吉林农村,问一位农民大爷:您知道什么是纳米吗?农民正在铲地,回答道:纳米比大米大还是比大米小?镜头又切回到了中央电视台演播室,院士说:一米等于十分米,一分米等于十厘米,十亿分之一米等于一纳米,纳米是长度单位。院士用最通俗的常识讲到了市民、工人、农民都不知道的纳米,这种言语表达让人听了都会感到醒悟,言语就充满了"觉"的效应。

三、感觉——言语表达的入脑记忆

感觉是人关于世界一切知识的源泉,是认识过程的开端,是一切较高级、复杂心理现象的基础。一个人说话能否给对方留下好感,这是一门学问,也是说话的技术。我们在交流沟通时经常出现两种情况:说者无意,听者有心,这是讲话人与听者的内心不匹配,这种情况多反映在说者经验和经历少,缺少言语训练和内心修炼;说者有心,听者有意,这种情况是双方在一个话题上产生了共鸣,达成了共识,有共同的言语交流、交换。

说话让人听了有感觉,这是言语表达要达到一定目的的最终效果。要达到这个目的,通常要内外兼修,在三个方面下功夫,在心理上把控对方的情绪,了解对方此时此刻的心理需求和感受,要深度分析、交流、沟通对方的动态心理变化,做到双方能在一个频道上对话;在言语的使用上要营造环境、创造氛围,要讲究表述问题的技巧,要设计场景和言语的匹配,策划言语中的段落结构以及修辞方法，要一针见血，通俗易懂，也要文采飞扬，引古证今。总之，要在说话前分析透对方，在借用工具辅助表达上要精准、有效、留痕。在交流沟通中，有经验的人往往借用一些辅助工具来突出说话的主题，加深对话题的感性认识，让听觉与视觉融合一体，给人留下难忘的记忆。例如，有经验的人在与对方谈一个主题之前都要做一些必要的准备，可以采用图表、模板、计量工具、实物等辅助工具。实践证明，让说话有感觉，除了要具备讲话技术和先天嗓音优势外，人脑记忆的还有与主题相关的图片、画像、实物……给听者带来较强的记忆和放大的联想。

第五节　修心：情商在言语表达中的融合

说话不只是沟通和交流，也是一门技术和艺术。古往今来，凡是能把话说好的人工作也都做得很好。语言的力量是巨大的，可以通过言语的表达展现个人的风采和内涵，也可以通过入脑入心的言语表达实现事业的成功。

要想把话说得好，要从修炼心智开始，保持良好的心态，阳光心理是言语表达的基础。修心要在"三观三德"的正确指导下开始，要以不断提升自身的情商作为助推力，把情商融合在言语表达的全过程。

情商（EQ）的概念是由美国哈佛大学心理学博士丹尼尔·戈尔曼提出的，又称情绪智力，主要是指人在情绪、情感、意

言语表达

志、耐受挫折等方面的品质。情商是一种能力，可以感觉、了解和有效应用情绪的力量与智能作为人类的能量、信息和影响的来源。情商让我们学习认同和珍惜他人的感受，在日常的生活和工作中适当地回应他们，有效地应用情商的力量，加强和改变人与人之间的关系。

我们在日常工作和生活中经过不断学习和实践，总结出对情商的应用性认识：了解自己的情绪，控制自己的情绪，了解别人的情绪，控制别人的情绪。

在实践中总结出的感受告诉我们，自己的情绪很难了解和控制，一旦深入了解了自己后，在生活和工作中，又能加以控制自己的情绪，这是智者，也就是修养的外显。同时，人在社会和组织中，既能了解身边人的情绪，又能在一些特殊情况下控制身边人的情绪，这是优秀领导者，也是人的智慧所在。因此，在言语表达中自觉将情商融入其中，让人听着舒服，受感动，能接受，这就是言语表达的技术与艺术，也是公务人员终身都要学习和实践的最有价值的职业应用性能力和本领，需要在干中学，学习和实践永远是螺旋式上升的。情商是帮助成功人士持续走向更大成功的智力工具。

在学习和应用情商时发现，"情商"一词早在《黄帝内经》中就有所诠释：怒则气上，喜则气缓，惊则气乱，悲则气消，恐则气下，寒则气收，劳则气耗，思则气结。

我们的祖先，把人的情绪与人的表现早已描述得形象而生动了。因此，要想提升言语表达的能力就要搞清情绪与气的关系并能控制。

习近平总书记在天津考察就业工作时对大学生说，做实际工作情商很重要，更多需要的是做群众工作和解决问题的能力，也就是适应社会的能力。老话说，万贯家财不如薄技在身，情商当然要与专业知识和技能结合。

情商在言语表达中有以下几种融合方法：

一、与领导交流的情商能力应用

与领导交流一般有三种情况：领导主动约你；你主动约领导；在公共场合的交流。当领导主动约你时，要充分做好以下准备：一是要充分搞清楚领导找你谈的主题，事先做好数字、案例的准备。二是把握好时间和交流汇报的用词准确性。三是跟准领导的关注点和热点补充，说明和提出自己的见解和建议。

领导约你一般情况下是调查了解、讨论交流工作上的问题。在与领导交流中要学会用心领会，听得懂领导的半句话、话外音以及心里话。要跟着领导的思路走，在补充、完善、建议、肯定和尊重的状态下进行。要学会用心聆听，学会欣赏，要做到换位思考下的言语组织，表达以尊敬为前提的肯定和崇敬，用发散性思维体会领导的后半句话，运用建议口吻提出参考性意见。提出以不伤害领导自尊心为前提的个人见解，站在群众的视角，表达肯定性赞同和全局性认可。要做到三不说：看不准、想不通、分不清的事不说；对同事评价一头倒的话不说；没有深入调研，道听途说的情况不说。与领导交流，要做到"六不做、三观察"。"六不做"是指：交流时不带手机，保持精力集中谈工作的状态；交流时放掉其他事情，不带不良情绪；

言语表达

交流时不带无关资料进入领导的办公室；交流时不带无关话题进入交流环境；交流时不带有是非观和模糊思维；交流时不带老乡、同学、哥们儿意气。"三观察"是指：观察交流时领导的注意力是否在你身上。如果总看表，那是话不投机；如一边交流，一边看资料，说明你讲的话已经跑题了。观察领导的表情。一般情况下，你的一个建议，一个主张或一个观点引起领导兴趣或正讲到他的敏感话题里，或正是他急于想要知道的事情，领导会流露出满意的表情，这时需要注意的是，哪句话命中主题产生同频共振了，哪个观点被领导认同了需要深入交流或另找时间交流。观察领导的动作。领导谈话时看两次表，说明此次交流可以结束了。

与领导交流，要做有心人，要善于在难得的机会中放大价值，通过一次谈话，给领导留下较好的印象，要让领导信任、认可你，这是交流的重要价值所在。我们要学会在交流前做好充分准备，交流中发挥好自己的特长，交流后注重沉淀和吸取领导的先进思想、做事方法、言语风格、思维习惯、逻辑的运用，以及大格局、大视野的领导艺术及风范。要一次交流产生乘法效应，在言语表达中学习领导身上的优点及经验，使自己能够在多元化学习提升中增长言语表达的智慧。

二、与同事交流的情商能力体现

在一个单位中，同事交流与相处是较为复杂的人际关系。较好地运用情商工具来处理好相处与相伴的关系，既是人力资源管理技术，又是人际关系处理艺术。情商的运用往往会使人际关系更和谐、团队合作更高效。

言语表达在同事中的情商运用应充分修炼好七大能力：

1. 阳光思维，大事不糊涂，小事不计较。用正能量去想事、处事、做事，阳光心态看同事，关系就融洽。

2. 言语表达的称谓多用我们，少用你和我。把关系变成一个团队、一个集体，有亲近感、亲切感，说话让人听着舒服。如果总把"我"放在嘴边，总在说你们、你……在关系上就分成了对立。言语表达中就容易产生对立、敌意、对手，防范心理占了主导作用，交流很容易产生口是心非。

3. 学会赞美和欣赏。心理学的研究结果证明，人都愿意得到别人的认可和赞美。总讲别人不好，那是自己修养没到位，赞美人是一种美德，也是人际关系的调和剂，学会欣赏和赞美是一个人修养的外显，也是一个人良好品格的具体体现。把欣赏和赞美变成思维模式和习惯时，一个完整人格的人也就修炼成了。

4. 学会慎言。一言兴邦，一言丧邦，言必适时，言必适情，言必适度，与同事交流要学会慎言，用十年学会说话，但要用一辈子学会闭嘴。同事间要杜绝带话、传话、闲话、是非话，一旦形成风气，不良文化也就建立起来了。

5. 要以诚相待。信不足则多言，威不足则多怒，识不足则多虑。同事间要建立以诚相待的生态环境，诚是团队的基础、人与人关系的核心。要学会做老实人，办老实事，说老实话，人才能进步，团队才能发展，事业才能发达。

6. 学会互补。在任何一个集体，互融、互补、互助是重要的元素。离开"三互",做事很难成功。"补"是一种美德,是一种人格,也是一种境界。"补"要发自内心,有善念善行,善做善成。要学会在背后做好事,赠人玫瑰,手留余香。

7. 学会幽默。要在言语表达中有乐、有趣、有益。任何团队和组织都需要在快乐的环境中工作,快乐会使人忘掉时间,快乐会使人际关系融洽,快乐会激发人的潜质,快乐能促进人产生创造。运用幽默表达个人的思想观点和建议,要学会并掌握幽默智慧的应用方法和技巧,才能做到惠己悦人,妙语解烦,平息怒气,创造愉悦。

言语表达中融入幽默的四大技巧。一是理直气弱才能增加说服力。"有理走遍天下"这句名言,有时也在人际交往中黯然失色。"理"关键要看怎么说,和谁说。和风细雨般地梳理和理直气壮说理效果是不同的,气弱不是无能的表现,而是智慧的外显。人在缺理做错事的时候,本身就有自责感,内心已经感到内疚了,外界没有任何反应也会有思过,这时候如果能理直气弱说理,细声慢气讲话,对方会产生强烈的心理反差,会被这种态度行为所感动,会在心里产生敬佩,说服力会倍增。二是心里不是这么想的嘴上也要这么说,才能增加亲和力。我们经常把"心直口快"的人称为性格直爽,这类人有时很受人喜欢,有时也容易让人无奈。善意的谎言也是智慧。如春节回家,父母做了一桌子菜,你一看就根本没有胃口,情商高的人马上就会说:"啊!做了这么多好吃的,我都快馋死了,都是我想吃的,谢谢妈,辛苦您了。"这段"口是心非"的话,父母听了会很感动,这是对劳动的一种肯定,菜只是媒介,体现出的是年味和亲人的情感。如果直来直去，心里怎么想就怎么说，效果就会相反。在日常工作和生活中，在非原则性上适度用些"口是心非"也会收到较好的效果，亲和力会油然而生。三是大俗也能大雅，增加你在群体中的吸引力。公务人员的工作性质一般人认为都应该是一本正经的严肃，其实人的本性都是多元的，什么环境说什么话，和什么群体用什么语言。俗语是中国民俗的智慧传承，也是千百年一代代留下的人生名言，用好俗语会使言语表达更精准，更接地气。在日常交流中用好俗语会事半功倍。如"娶妻娶德不娶色，交友交心不交财""台上三分钟，台下十年功""当家才知柴米贵，养儿方知父母心""好话一句三冬暖，恶语伤人六月寒"。俗语用好会给人有很深阅历的感觉，俗语的应用要恰如其分，要用对地方，不能多用，也不能乱用，俗语是带有很强应用性的语言，是通过长期实践检验过的经验。因此，用好俗语交流比用理论语言交流效果要好得多。四是用好"夸张""调侃""风趣""委婉"等手段，因地、因时、因人、因事灵活使用，做到"坏话好说""反话正说"，实现用幽默之水化解尴尬之冰，达到创造和谐氛围、缓解工作压力、提升人际关系友好相处的目的。

三、与群众交流的情商能力融合

群众工作是公务人员天天接触的日常工作，学问大、矛盾多、情况复杂，与群众交流沟通是公务人员需要终身学习实践的永恒主题。在日常工作中，不历练好自身的高情商能力，很难完成好本职工作，为人民服务也就容易走过场，流于形式。

言语表达

与群众交流沟通工作是一门学问，要有大智慧才能做好，除了要有胸怀、格局、人品之外，还要有较高的情商作支撑，与群众打交道，情商是公务人员的言语表达资本，是在实践中不断总结出来的应用性经验，也是提高工作效率的核心能力。情商与言语表达融合要历练三种能力。

1. 察言观色的能力。在群体交流和沟通时，要首先关注群众的情绪，言语没讲，先找说话的切入点，要深入了解群众的根本性需求和诉求，交流中注重群众在你讲话时的反应和态度，要在动态中调整好言语表达的思想和内容。公务人员要心里装着群众，首先要与群众在交流中言语表达在一个频道上，做到同频共振。学会用心说话，用情表达，只有心里有群众，才能在交流时看准群众的"脸色"，要善于在"脸色"后面发现群众的真需求、真诉求、真要求，动真情实意交往才能收到真正的预期效果。

2. 说真话、办实事的能力。与群众交流，切忌说空话、套话、官话、废话。谈了半天，群众不知你要说啥。说真话也是公务人员的本事。"真"就是能讲到群众的心坎上的话；"真"就是能解决群众实际问题的措施；"真"就是在全局视角下能让群众看到未来希望的话；"真"就是唠家常中亲近的话；"真"就是言语表达让群众听得进、记得住、用得好、见效快的话；"真"就是让群众信任你、依靠你、离不开你的鱼水关系。说真话，首先要有真心，要善于在动态变化中找准群众的需求点，要做到说与做一致。

3. 平息情绪不稳定群众的能力。"话是拦路虎""话是无形的手"，在公务人员的言语表达中，把话说好也是生产力。做好情绪不稳定群众的工作是信访工作中的重要环节和主要工作，这项工作中，公务人员的言语表达是极为重要的职业能力，"一句话让人笑，一句话让人跳"，这是形容说话的功力和实用价值。做好情绪不稳定群众的工作需要有三大功夫的历练。一是临危不乱的良好心态。越是群众情绪不稳定，越是考验公务人员处理复杂问题的能力，要有急中生智的本领，在较为复杂的环境中，能快速想出办法，调动可利用资源，防止事态扩大、恶化。要历练应对各种群体、突发事件的能力，心态决定状态，状态决定行动。二是真言相劝的本领。要站在群众立场，分析研究解决问题的方法路径，在劝说和言语表达方面，应尽量体现诚恳、可信、认同的交流内容，要有平等、真诚、解决问题、帮助想办法的心态、状态和言语表达能力。要善于做群体领头人的思想工作，要善于抓住牛鼻子，把主要人物稳定住，用真情实意打动他、说服他，控制住势态后，再做深度处理。要善于发现和挖掘事态发展的根本性矛盾和问题，把从根本上解决问题作为突破口，讲理和讲情结合，讲政策和安定并用，让不稳定群体从眼前和长远两个方面看问题，疏通好暂时不稳定情绪。三是善于总结和提炼工作的规律。公务人员在处理非原则性、突发性的小众群体事件后，要善于摸清事件的发生、发展路径，深度研究出现不稳定因素的多元化原因，从制度、规章、服务流程、机制结构多方找到规律性的东西，加以总结完善，把一件事情做到："善始善终，善做善成。"

| 言语表达

第六节 修道：思维模式在言语表达中的应用

思维决定语言，语言表现思维。有什么样的思维模式，就有什么样的言语表达。在互联网时代，推动经济发展和社会进步的重要因素，已从土地扩大、劳动力增加和资本投入转变为思维模式的变革。

公务人员在工作中的言语表达受思维模式的影响占主要因素，因此，确立什么样的思维模式，在交流沟通和演讲发言时就会有什么样的思想语言，说话就会有什么样的观点和主张。

思维模式是在后天工作和学习中培养、应用形成的。只有在工作和学习中注重对思维模式的学习、研究和应用，才能在提升言语表达能力方面有持续性的进步。

一、互联网思维

互联网思维是人们立足于互联网去思考问题、解决问题的一种思维。以互联网技术为思维基础，以重视、适应、利用互联网为思维导向，以收集、积累、分析数据，用数据"说话"为思维特点。互联网思维具有六大特征：大数据、零距离、透明、简易、普惠、分享。互联网思维会衍生出很多思维，如颠覆式创新思维、流量思维、免费思维、信用思维、跨界思维、大数据思维、简约思维、平台思维等。

学习并掌握运用"互联网思维"去交流沟通工作，语言特点就具有时代性、先进性、创造性。头脑中有互联网思维，才能说出互联网思维的话。运用互联网思维组织言语表达和体现语言的时代性要加强三方面的学习和训练：一是学习并掌握互联网的应用技术，在工作中注重运用网络技术，改变传统的工作方式，大胆使用新软件和操作系统，使自己的日常工作与快速发展的互联网技术同步。二是了解并掌握互联网时代的新词汇、新概念、新产品。三是注重跨界融合的学习研究及应用，在工作学习中善于将跨界专业和跨界知识与本领域或公共服务业融合，在人工智能快速发展中了解掌握并实践，使工作永远与科技、人工智能发展同频共振。

互联网思维与传统的保守思维相比，具有一定的跨越性、创造性和颠覆性。不注重学习，缺少互联网概念的人，往往说话落后于时代，做事落后于发展。在普通的工作中常出现不懂、不会、不明白的现象。由此可见，运用互联网思维统率工作和言语表达是当代每名公务人员长期保持的一种动态学习工作方式。

二、跨界融合思维

跨界融合指的是突破原有行业惯例和常规，通过嫁接其他行业的理念和技术，从而实现创新和突破的行为。跨界融合是以"大、智、云、移、自"为特点的新技术改变文化生态和人类生存方式。这里说的"大"是大数据，"智"是人工智能，"云"是云计算，"移"是移动网络，"自"是自媒体和微媒体。

言语表达

跨界融合思维是"把握本质，殊途同归"的思维。在工作中，跨界是一种意识，也是一种能力，而融合则是一门学问，更是一门艺术。因此，公务人员在日常工作中不断学习，善于研究，肯于实践，使其行为和言语表达能与社会进步、经济发展、科学普及相适应。

掌握并应用跨界思维，在公共服务中会对社会和经济发展中的新事物、新技术、新动态、新需求有共同语言，能够较准确地了解和把握公共服务在社会创新发展中的新价值、新作用、新作为，才能在服务中言语表达更精准，沟通工作更便捷，办事效能更高。

三、发散思维

发散思维是大脑在思维时呈现的一种扩散状态的思维模式。实践证明，发散思维是创意思维、创新思维的源泉，思维的视野广阔，多维发散，举一反三是发散思维的主要特征。

具有发散思维的人，看问题、想事情、表达个人思想时，眼界和胸怀比一般人要宽大。对一个问题可以多方面联系，说话有结构性和层次，表达能敞得开、收得拢，善于将一个问题多维度地分析，全面性、战略性是具有发散性思维的人的工作常态。公务人员了解并掌握运用发散思维帮助自己提升言语表达的感染力和诚信力，也是基础能力训练的必修课。

思维模式决定言语表达的质量，提高言语表达的质量，除了语言技能训练外，更重要的是修炼心智和思维。不断开发左脑和右脑的功能，使优势能够得到更大程度的发挥，如图4—2

所示。

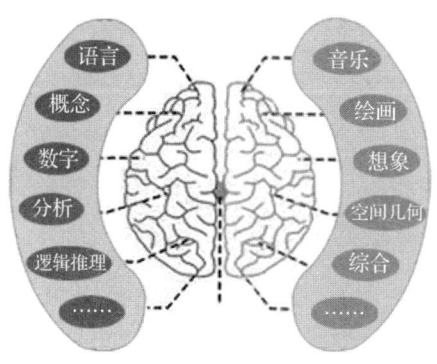

图4—2 大脑功能示意图

2017年8月26日,吉林省政府在长春组织召开了"汽车人才高峰论坛",邀请了六位专家作主题演讲,每位专家都从各自领域就汽车发展的专题作了深入发言,在会议结束时,主持人从汽车发展的多维视角,从发散附加值的趋势、从应用的多元化开发、从人工智能对汽车未来的影响作了一段总结性的发言,这段发言运用发散思维对汽车作了全新的定位。

车是什么(发散性思维)?

车是音乐厅,天籁之声把经典传唱;

车是电影院,视觉冲击让你激情荡漾;

车是移动家庭,亲情在动态中渗透;

车是书房,碎片化学习给你编织出智慧的遐想;

车是游乐场,将孩子带入吉尼斯的天堂;

车还是橄榄树,用心灵书写出爱情的诗章;

车也是敬孝堂,让老人感觉到儿女的孝道绵长;

言语表达

车是友谊宫,让好朋友感悟到情义的地久天长;

车是会议室,互联网的智能提供了非物理环境下的议事之旅;

车是健心房,摒弃烦恼,甩掉惆怅,让心在田野间漫步,让情在山水间流淌……创造需求,引领时尚,车只是媒介,可以凭空想象,让创意永远在车上!

2018年9月8日,中国人才研究会与乐山市政府主办了"中国旅游人才高峰论坛",八位专家从不同侧面演讲了旅游人才的问题、发展、对策。会议结束时,主持人作了一段总结性的发言,运用互联网思维阐述了对旅游的全新认识。

旅游是什么(互联网思维)?

旅游是告别物质幸福时代,人们可持续发展的精神需求;

旅游是身体与心理双重感受的人文教育;

旅游是家庭与学校之外的人生体验;

旅游是认知自然、体验生态的深刻沉淀;

旅游是读万卷书、行万里路的人生感悟;

旅游是增加人生阅历、提升个性品质的必修课;

旅游是美其食、任其服、乐其俗的生动教材;

旅游是净化心智、提升自我的重要过程;

旅游是人与生态共存、人与环境共建的永恒主题。

人在言语表达中的逻辑关系是先有思想基础,再有言语表达。因此,公务人员要想把话说好,加强自身思想储备是根本。思想储备像"冰山理论模型"水面下的部分,基础越大显现出来的才会越多,如图4—3所示。加强水面下的积累和储备是长期的职业能力建设,需要有计划、有安排地做好自身修养,将言语表达中的"道"修炼终身。

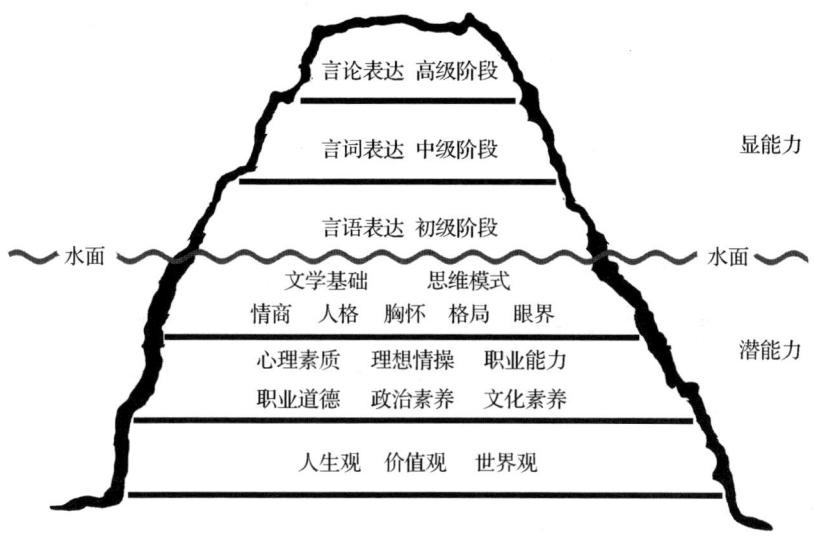

图4—3 公务人员言语表达能力结构"冰山理论模型"

第七节 修身:内外兼修的双重提升

公务人员在日常的工作中,言语交流沟通时的形体外在表现也十分重要,通常把这种表现叫作"肢体语言"。

"肢体语言"是指人们言语表达时通过头、眼、颈、手、臂、身、足等人体部位的协调动作与言语表达的内外配合,使对方在沟通交流时的视觉和听觉都得到信息,进而增强言语表达的效能和效果。

公共服务的研究人员在长期的调查中发现,接待群众、服务百姓的工作,言语表达中加进适合的肢体语言会使服务工作事半功倍,会使人们获得更亲切、更热情、更实际的内在感受。

公务人员接待一位来办事的群众,未开口前,先伸出左手,示意欢迎和请坐,这时可与肢体语言同步说:"您请坐,需要我提供什么样的帮助?"一个手势表达了接待者的职业素养和对来者的态度,让对方通过手势感觉到受尊重的心理体验,可以直接拉近双方的距离,消除距离感和紧张情绪,提高第一次接触的好感认知。

"内外兼修"通常指人的内外双重修炼,"内"重点指道德修养、文化内涵,"外"指人的举止言谈、言语表达。公务人员的"修内"是职业生涯中的永恒主题,要活到老、学到老,不断提升自己的道德、修养、文化、思想与职业要求同步,在"修内"中增强自觉为人民服务的主动性、特殊性。公务人员的"修外"应该是与工作环境、服务对象、工作性质以及工作内容有着密切关系的,是在工作纪律、工作守则、岗位要求及服务标准中逐渐养成的一种行为习惯和职业风格。

修炼自身形象,要从以下几个方面加强内修外炼。

一、表里如一的职业形象

大量的实证研究表明,公务人员的职业形象不仅是个人形象的外显,更重要的是个人的举止言行代表的是一个公共服务部门或单位。服务工作中的群众投诉，30%是服务态度、服务语气、服务状态不好造成的。强化职业形象的塑造和提升公务人员心身双重训练是公务人员职业能力的第一课，也是必修课。

职业形象分为三个层面：

1. 物理形象。形的外显，职业的认知。让人第一眼就能辨别你是干什么的，人们对职业的分类往往取决于形象的认知，职业装代表着职业的外显特征。

2. 内涵形象。神的外露，能力的认可。职业人的精气神一般是由内向外传递的，工作时的状态、言语表达、肢体语言的适度运用，以及语气、语调、表述问题的语言风格及态度，都能给人留下有内涵素质的印象。

3. 伦理形象。德的外观，人品的认同。人们在接触过程中，通过形象识别和谈话的过程，能从外到内形成评估，确认品行、道德、人格的认识，进而形成更加深刻的印象，给出心理认可度的评价。

所以，公务人员的修形应该是：始于颜值，敬于能力，合于性格，久于人品。越是有修养、有能力、有品质、有内涵的公务人员，在交往和接触中越让你感到舒服。

二、言形一致的诚信状态

公务人员由于工作性质的原因，给人的印象一定是信得过、靠得住、有公信力和诚信度的人。要使言语和形体一致，需要加强自身的四方面训练。第一，练眼。在交流沟通时，要使自己的眼睛看着对方说话，眼睛要专注，不能走神，和对方说话

言语表达

眼睛却看别的地方，给人漫不经心的感觉，专注力不够，影响服务的质量。公务人员在工作时的眼神，从深层次分析可以看出身体和心灵是否统一在一个事物上，也能看出公共服务诚恳、诚信、诚实的实质。优秀公务人员在服务交流中用眼睛也可以说话，在沟通中眼睛渗透出强烈的可信感。训练眼神交流要做到，目光集中在交流对象身上，眼神要稳定不飘移；交流时不要眉飞色舞，让人感到不稳重；不要有意睁大或眯眼，让人感到不知所措。第二，练头。交流沟通中，要正视对方，体现友善、诚恳、自信、笃行、期待。要在交流中用心倾听，适度点头，表示同意，或者表明听懂了、听明白了、听进去了。点头是交流沟通中最有效的认同方式，能给对方最好的认同感体验。第三，练手。交流沟通中的手势、手放的位置，手配合言语的交流，往往是最有效的方法。不要在交流中手里拿着与交流无关的东西，更不要一边交流一边摆弄笔和水杯，有些刚入职的公务人员，习惯把笔在手上转，给人以漠视、轻视、消极的印象。较好的方法是，在交流沟通中不时将交谈的重点写在纸上，给人以非常重视的感觉。不要在交谈中扭绞双手给人紧张和不安的信息，也不要用手去挠头、挠脸、抠鼻子、抠耳朵，让人感到专注力不够。第四，练腿。坐姿是公务人员的基本功，交流沟通时不要抖腿，显出不安、忐忑、困惑、紧张或不耐心的状态。不要跷二郎腿，给人高傲、不安稳的印象。要双腿适度分开，两脚全部落地，与身体保持平衡状态，有坐如钟的状态。

　　工作中的能力一般都是内外兼修的双重训练取得的，言是形的内在修养的外延，形是言的表里如一的职业特征。

三、内外兼修的双重外显

人的内在修养往往要通过外在形式表现出来。现代社会中，有修养的人在工作生活中可表现出良好的职业素养和职业形象。只有外在的良好服饰，缺少内在的职业内涵修养，往往给人浅薄印象，而具备很好的内涵修养，不注重外形和礼仪的行为也只能说缺少内外统一的完美。因此，内修与外炼只有相得益彰，才能具备良好的职业影响力。

1. 态度和蔼，语气中肯。要在日常工作中逐渐养成一种平和心态，把百分之一的群众需求当成百分之百的精准服务来对待。和蔼是用心说话的表现，也是让人心里感到温暖的交流，中肯是尽力尽职交流与沟通。公务人员只有心里有群众，态度才能和蔼，一心想为群众办事，秉公尽职，语气才能中肯。

2. 诚实守信，谦虚谨慎。公务人员的工作语言要充分体现守信和诚实，解释政策要有针对性和应用性，接待来访要讲礼节、热情诚实。调查研究要实事求是，提炼精确，概括准确，参加活动要准时、守信、谦虚。防止说大话、空话、瞎话、粗话、谎话和套话。

3. 善于倾听，思想互动。在公务交流中，能静下心听对方的述说是内在修养的表现。倾听是一方用心去听另一方陈述事情的表象，是双方思维达到一致后的深度交流和互相认可，也是在某一问题上观点、认识的同步。公务人员养成"倾听"这一良好职业习惯，要从两个方面加以持续训练和自省。一是不断学习，深度认识公务岗位与社会群众的关系，从岗位性质、

言语表达

岗位价值、岗位作用以及岗位与社会进步、经济发展的关系，来提升个人的职业修养，把认真听取群众反映、分析群众提意见和诉求的本源作为倾听的基础。二是互换角色，把小事放大来认识，群众事情无小事，群众反映是社会调研最好的素材。刚入职的公务人员，学会倾听如同穿衣服系好每一个扣子，一旦第一个扣子系好、系对，那就一顺百顺了。互换是一种境界，也是一种胸怀，更是一种智慧。能耐心倾听群众反映问题，这是与群众互动中能力提升的最好渠道。

第五章
中国语言智库的艺海拾贝

第一节 成语的引用价值

在言语表达中引用成语,这是司空见惯的。有不少言语表达由于引用的成语恰到好处,使其增色升华,引起听者的兴趣。换而言之,因为引用的成语正确而巧妙,有如磁铁一般,把聆听者吸住了。

成语是古老的中华民族文化的精华,成语浩如烟海,是中华民族语言的宝藏,可以与享誉世界的"唐诗宋词"相媲美。它能让你见微知著,从一滴水中看世界。成语有的词义凝练,言简意赅;有的词义通俗,言近旨远;有的诙谐成趣,不经意间就妙语连珠;有的含义隽永、入木三分,更是发人深省。

成语来源众多,有的从历史典故中来,有的从寓言故事中来,有的来源于神话传说,有的来自古典名著。成语来源的广博性决定了它内容本身的包罗万象。仅就言语表达作用来看,

言语表达

可一叶知秋、窥豹一斑。用它作发言标题，一目了然；用它提论点，一针见血；用它作论据，更是会异彩纷呈。

成语展现了汉语表达巨大而丰富内涵的能力和语义融合能力。短短几个汉字，往往包含了一段历史、一个故事、一篇典故、一条道理、一句哲思，它在历史的演变中自然凝成。几乎每一个成语都有它自己的来历。各朝各代的文明和历史封存在成语之中，使这些成语保有各朝代鲜明的文化特点和独一无二的时代特色。熟知成语典故之人，一读到成语，那些历史事件、历史人物就鲜活生动地再现眼前；即便是对历史不太熟悉之人，也不难从成语中明白引申的内涵。中华民族几千年的文明历史，通过成语这种方式给人源源不断的教育与启迪，潜移默化中就把它的精神实质流传了下来。对于公务人员，掌握中华民族的成语文化显得尤为重要，更应善用成语，做到言简意赅。

最能反映出一个人知识、品德等方面修养功底的是语言。生活中广记博闻的人，殚见洽闻；孤陋寡闻的人，目睫之论。而语言功底正是靠平时的"聚沙成塔，集腋成裘"。因为成语是中华文化的精粹，在语言上的地位当然是万词之最灵者。若与一个平时喜读成语、背成语的人交谈，你会觉得他见解独到，深中肯綮。如果在职场面试中恰如其分地使用成语，更会脱颖而出、鹤立鸡群。

想要善用成语，首先要明确成语及典故的大意与内含情绪的抒发。我们在用成语表达复杂的意义、褒贬的感情色彩时，要仔细推敲。古代成语原是古人所写所创，经世的流传并不曾改变其内容与形式的原始性，而古人讲的是古代汉语，与现代汉语的差异之处不胜枚举，这种差异意味着对许多古代汉语我们不能从现代汉语的角度去分析、理解，这样往往会出现纰漏。如"是"，在古代常用作指示代词，相当于此、这的意思，而在现代主要是用作判断词和副词，表示肯定；再如"惟妙惟肖"中的"惟"在古代是文言助词，但现在基本没有这种用法了。

例　汗牛充栋。【解释】栋：栋宇，屋子。运输书时牛累得出汗，存放时可堆至屋顶。形容藏书非常多。

【出自】唐·柳宗元《陆文通墓表》："其为书，处则充栋宇，出则汗牛马。"

例　莫名其妙。【解释】说不出其中的奥妙。指事情很奇怪，说不出道理来。

【出自】清·吴趼人《二十年目睹之怪现状》第十五回："我实在是莫名其妙，我从那时得着这么一个门生，连我也不知道。"

其次，要明确成语及典故在句子成分方面的用途（成语、典故根据自己的特征可以做各种句子成分）。成语中表示人或事物的，用途相当于名词，主要用作主语和宾语，其次做定语，也可以与判定词"是"组合做谓语；表示行为、动作、状态的，其用途相当于动词，主要做谓语，也可以做状语或定语；表示性质、特征的，其用途相当于形容词，主要做定语，次要做谓语，也可做状语；表示数量范围、时间处所、方式方法等意义的，主要做状语和定语，也可做谓语或补语。

例　华而不实。【解释】华：开花。花开得好看，但不结果实。比喻外表好看，内容空虚。

言语表达

【出自】《晏子春秋·外篇·不合经术者》:"东海之中,有水而赤,其中有枣,华而不实,何也。"《左传·文公五年》:"且华而不实,怨之所聚也。"

例 心猿意马。【解释】心意好像猴子跳、马奔跑一样控制不住。形容心里东想西想,安静不下来。

【出自】汉·魏伯阳《参同契》注:"心猿不定,意马四驰。"唐·许浑《题杜居士》诗:"机尽心猿伏,神闲意马行。"

再次,要明确成语及典故的声腔修辞与文字修辞。成语大多由四个字组成,四个字音节浑圆清晰,故而许多成语念起来抑扬顿挫,起落跌宕,这种字里行间溢出的饱满与生动更是会调动人们的音感,从而给众人留下深刻印象。不仅如此,成语还有比喻、夸张、对照、讽刺、引语等修辞作用,尤其在作为引语的时候,不但会使论证具有说服力,文章具有战斗性,语言更是生动活泼。除上述之外,这些用法有时还被综合运用,但还需细心体会方能领会其中妙处。

例 抛砖引玉。【解释】抛出砖去,引回玉来。比喻用自己不成熟的意见或作品引出别人更好的意见或好作品。

【出自】宋·释道原《景德传灯录》卷十:"比来抛砖引玉,却引得个坠子。"

例 蚕食鲸吞。【解释】像蚕吃桑叶那样一步步侵占,像鲸吞食那样一下子吞并。比喻用各种方式侵占吞并别国的领土。

【出自】《韩非子·存韩》:"诸侯可蚕食而尽,赵氏可得与敌矣。"

最后,要明确成语及典故与语言的"神形一体"(精练性、形象性、精辟性与生动性)。使用语言的时候应讲究经济原则,力求用较少的词语表达丰富的内容,这是语言的精练性所要求的,而要达到这一目标,最简单的方法便是运用典故,如"请缨""飞将军""沧桑"。使用语言也应讲究可感性,以事物的原貌再现激发人们的思想感情,这是语言形象性所要求的,如"如堕五里雾中""依样画葫芦""味如鸡肋"。使用语言更是应该讲究妙趣,以富有活力的词语吸引别人,这是语言生动性所要求的,如"三顾茅庐""夜郎自大""滥竽充数"。从语言发展的角度上来看,由于受到社会发展因素、个人心理因素等影响,人们往往希望用内容更为丰盈、含义更为精妙、形式更为复杂的语言进行表达、概括和反映。成语及典故则是在这一过程中扮演着极为重要的角色。基于人们社会生活和自然变迁的需要,折射当时历史现状的语句不断产生,也不断被淘汰,在经过了相当长时间的推陈出新之后,某种成语或是典故的形式基本被稳定保留下来,为人们所惯用,经年累月就成为历史成语、典故,但某些成语随着时代的不同和使用方式的改变,含义也在渐渐发生变化。

例 韩信将兵。出自《汉书·韩彭英卢吴传》,原指领兵越多越好,后比喻越多越好。常与"多多益善"连用。

例 愿者上钩。太公钓鱼,愿者上钩。比喻心甘情愿地上当。

继《中国汉字听写大会》之后,《中国成语大会》继续掀起文化类节目收视热潮,在这一节目受到热捧的背后,同时也代表着中华又一传统文化得以发扬光大。成语是中国独有的文学

言语表达

宝藏，较为全面地体现了中华民族几千年来积淀的智慧结晶与文化价值，如果难以传承和应用，实在是世人之遗憾。中国成语总量超过2万条，生活中被人们常用的成语大概也有一两千条。一个人一生中可能会经历各种境遇、事件，可能会体会各种心境、情愫，可能会面对各种人与社会、人与自然的关系，而这些都能在成语中找到细致的对应，并被勾选为微妙而生动的心灵书籍的一页。不仅如此，中国成语还有着明确的褒贬臧否，这更是代表着几千年来中国文化基因中的核心价值观。公务人员不仅要学会应用成语，更需要去了解成语背后的故事，以此来更加清晰地理解中华民族从古至今所传承的价值观。

用成语说话是中国语言的一大特色，也是世界各国语言中独具特色的语言风格。公务人员用成语要贴近职业，注意场合和环境，关注受众群体，要用得恰如其分、画龙点睛。

用好成语是言语表达中的智慧，也是诚信和素养的反映。成语一般在公务工作中，多用于演讲、述职、接待用语及座谈会、政策发布会等较为严肃的场合。接待外宾时要慎用，防止出现误解和不解。

运用成语表达思想和表述工作情况，要注意成语的表意和引申的使用，要真正搞清成语的出处、词义和内涵及应用范围，不能凭感觉使用。更要注意带有文学色彩的成语使用在公务用语中，会影响公文或公务工作的严肃性。

第二节 俗语的借用方法

俗语，作为一种口头流传的、形象的、定型的语句，是一种社会生活的反映。恰当地运用俗语，会使语言表达获得较好的效果。这主要是由俗语的特点决定的。俗语不仅形式活泼、生动形象、通俗灵便，而且风趣幽默，颇具文采，富有哲理性。这种语言形式大大增加了表达的表现力，对聆听者有着强烈的吸引力，容易引起他们在思想上的共鸣，从而达到"共振合拍"的效果。

俗语，作为一种语言形式多数存在于汉语体系中，千百年来深受广大人民的喜爱，被人民群众广泛流传和使用。古代在研究俗语理论方面的技术并不成熟，仅仅处于一个准备阶段，自20世纪90年代后期以来，学者们开始从不同角度对俗语进行研究。

俗语的言语表达特点，最突出的就是一个"俗"字。它通俗易懂，口语性强，是广大人民群众在生产劳动和社会生活中创造出来的语言，在交际中就表现出了诙谐性、形象性、通俗性和可信性等特点。俗语在人们口耳相传的过程中又不断被丰富、加工、提高，可以说经过了千锤百炼，从而达到了相当完美的程度，是人们喜闻乐见的语言。像"无利不起早""爬得高跌得重""新官上任三把火""家家有本难念的经""没有受不了的罪，只有享不了的福"等俗语就经常出现在我们的日常对话中。同样地，也有少数俗语被用于正式场合中。如果写的是

言语表达

政治性文章，就要选择使用那些政治性、哲理性的俗语，如"不入虎穴，焉得虎子"，这句话形象地表达出，人们的实践是真理，认识也是真理，离开实践的认识是不科学的，因此，运用于政治性文章中也是十分恰当的，这一句俗语能使深奥的道理通俗易懂。

例　新官上任三把火

【解释】新官员上任后，常常做出几件事以表现自己的才干和革除时弊的决心，过后也就一切如旧。说白一点，就是给人下马威，让众人心服口服。

【典故】据《三国演义》所述，三国时，诸葛亮当了刘备的军师，在短时间内，连续三次火攻曹操。第一次火烧博望坡，使夏侯惇统领的十万曹兵所剩无几；第二次在新野，火攻、水淹使曹仁、曹洪的十万人马几乎全军覆没；第三次火烧赤壁，百万曹兵惨败，最后跟随曹操逃出去的寥寥无几。当时，人们把这三把火称为"诸葛亮上任三把火"。传到后来便成为人们常说的"新官上任三把火"了。

例　不入虎穴，焉得虎子

【解释】不进入老虎的巢穴，怎么能捉到小老虎呢？比喻不经历艰险，就不能取得成功。只有通过实践，才能取得真知。

【典故】《后汉书·班超传》，超曰："不入虎穴，不得虎子。"

《三国志·吕蒙传》，蒙曰："且不探虎穴，安得虎子？"

罗贯中《三国演义》第七十回，忠曰："不入虎穴，焉得虎子？"

俗语的诙谐性是指采用诙谐、风趣和幽默的语言引人发笑;形象性就是在言语交际中通过使用比喻、夸张、烘托等手法,运用形象思维的方式,形象生动地把所要说明的事理表达出来;而通俗性就是俗语最基本的特点,也是在交际中表现出来的一大特点,这是由它的口头语体这一特征所决定的。俗语既是大家说的,同时也是说给大家听的。不论是大家说的,还是说给大家听的,都是大家能听得懂的话,所以通俗是必然的。如果不通俗,就不能称其为俗语了。唯其通俗,大家才爱听爱说,俗语才能被广泛地流传,也正是唯其通俗,俗语才能充分地发挥它应有的规诫和启示等作用。俗语在交际过程中表达出来的最重要的特点就是可信性。为了达到被人们理解的表达效果,并说明一个被人接受的事理,人们经常引用一句与该语境相适用的俗语,因此常伴有"俗话说"或者"常言道"等格式。俗语正是因为在交际中具有诙谐性、形象性、通俗性和可信性等特点,才使其在交际中获得了良好的表达效果,从而成为人们在说话和写作中喜欢用的语言。

【应用】俗语讲,百川归海,终有尽时;千里长筵,没有不散的席。

俗语作为言语交际中的一种重要交际工具,自然也会受到交际语境等各要素的制约和影响。交际中的用语实际都是顺应语境的实例,很少有逆反语境的现象,所以可以把俗语的使用过程看作一种对语言使用者的心理世界、社交世界和物理世界的动态顺应的过程。因此,在日常交际中,人们为了达到特定的交际目的,需要做出顺应不同语境要素的语言选择。作为语

言语表达

言的重要组成部分，同一俗语在不同的语境中会有不同的语义，从而使语言在交际中达到生动、形象的表达效果。例如，俗语"不是冤家不聚头"出现在描写亲人的语境里，是用来比喻相亲相爱的人之间闹矛盾；出现在描写仇人的语境里，是用来比喻与仇人的关系。

例 昨天下午张老师布置了一道数学思考题，晚上，我绞尽脑汁，百思不得其解，就在我"山重水复疑无路"时，爸爸走了过来，助我一臂之力，经他一点拨，我豁然开朗，真是"柳暗花明又一村"，于是迅速地解开了这道题。

例 如果换一种思维，用辩证的眼光去观察世界，那么你眼前的风景便可"山重水复疑无路，柳暗花明又一村"！

语言使用者是指参与谈话的双方，以及与谈话主题有关的其他人。在言语交际的过程中，需要把语言使用者的一些内在与外在因素充分考虑在内，如性别、年龄、受教育程度、知识体系、身份、职业、价值观以及社会地位等，同时这些因素也是交际中选择语言时需要被顺应的部分。因此，在选用俗语的时候，必须考虑将用于什么样的人，选择恰当的俗语，才能使交际达到更好的表达效果。

俗语作为一种特殊的交际话语，其语言表达也自然要顺应交际双方的心理因素，其中心理因素包括生理需要、安全需要等。交际场合是社交世界的主要因素之一。由于使用的场合不同，加之涉及的问题、谈话的话题不同，以及面对的对象、当时的气氛等诸多因素，在运用俗语时，一定要反复琢磨、仔细推敲，选择恰如其分的俗语，切记不可信口开河，不顾效果。

没有恰当的俗语宁可不说，要说就要说最恰当、最能表达自己思想、感情和意见的俗语。同时，俗语的运用要自然，要与场合、气氛相协调，这样才能达到更好的效果。

综上所述，交际中俗语的选择过程就是一种顺应交际语境各要素的过程，而且各要素在俗语的选择过程中并不是互相矛盾与互相分离的，而是互相影响、互相作用于俗语选择的。不同场合使用相符合的俗语，才能使语言达到更好的效果。

俗语的使用，能提升言语表达的亲切感和缩短交流中的距离感。俗语是民间几千年中国文化传承的精华，也是民间智慧。用好俗语能使听众和交流对方感到讲话人具有一定阅历、经历以及很高的人生感悟。

俗语的应用要注意以下几个方面：一是把握对象和场合，要使俗语在使用中能画龙点睛、单刀直入，把较为复杂的问题用俗语简单化、亲民化和民俗化。二是注重交流对象的身份及职务，更要注重对方的年龄、资历，不能在前辈、领导面前用俗语，会给对方一种卖弄和显现自己有智慧的感觉。三是注重俗语使用中的本义和引申义，不能有画外音、附加感觉，不能指桑骂槐。

借用俗语表达本意不是一朝一夕的功夫，需要在日常的工作和学习中不断积累民间智慧、收集民间故事、沉淀民间语言。俗语是口口相传的语言，也是指导工作、训练习性、感悟生活的经典。用好俗语不仅能提升个人言语表达质量，还可增加个人影响力。

言语表达

第三节　名言警句的摘用技术

名言、警句、箴言、嘉言、格言、谚语、引语……所有这些具有微小语义差别的称呼，在社会语言学某一层面上，却统统表达了同一种语言现象——一种浓缩的思想片段，一种纯化的观点，或者一种具有普遍意义、普遍价值的超时空信念。这种思考、意识、信念，不是用千言万语、不是用浩繁的卷帙来表述，而是用极其精练的语言，用社会公众最容易理解和接受的语言，即"喜闻乐见"的语言表达出来，传之久远。在人类文明发展的长河中，沉积了许许多多或发人深省的或激动心弦的话语，都是在前人实践中、生活中，甚至在坎坷道路中得出的结晶——名言警句，闪现了思想和时代特征的"火花"。

名言警句往往通俗易懂、含义深刻，富有一定哲理和教育意义。恰如其分地应用名言警句不仅使语言畅通，更可以增加说服力，同时起到一定衔接、起兴的作用，例如在演讲以及各种形式的书面作品中，经常遇到引用名言警句或古诗词的情况。

在演讲中如果将名言警句运用到位，不仅增加演讲色彩，更能让观众如饮纯酿、回味无穷，还能使演讲更显生动、形象，富有文采，展现演讲者的魅力，同时起到增强说服力的效果。名言警句大多具有精粹凝练、寓意深刻的特点，运用在演讲中，往往有画龙点睛的功能。

古诗词是中华文化的瑰宝，在演讲中引用古诗词可以营造意境，增添演讲的神韵。一篇演讲稿或者一次演讲如果能在恰当的地方添加上几句恰如其分的诗词，会让我们的演讲文采飞扬，让我们的演讲更加灵动。例如，一篇关于爱岗敬业的演讲稿中曾这样运用古诗词："就是在这样艰苦的条件下，大家克服沉降器内50℃的高温，轮番上阵，手掌被磨出血泡不下'火线'，被风镐不小心击伤不下'火线'，感冒发烧不下'火线'。正所谓'黄沙百战穿金甲，不破楼兰终不还'，经过一个月的奋战，我们凭着不怕苦、不服输的精神创造出了骄人的战绩。"作者将本是描写战士戍边时间漫长、战事频繁、战斗艰苦、敌军强悍、边地荒凉的诗句，用来形容同志们在艰苦的工作环境中不怕苦、不怕累，奋力完成工作任务的精神。在此文章的结尾处，作者还写道："雄关漫道真如铁，而今迈步从头越。过去正作为一个背影与我们渐行渐远，站在新的起点上，我们将会继续在前进发展的道路上走得更加稳健高远，更加灿烂辉煌！"此处引用一句古诗词，简洁明了却又为全文增加了豪迈激情的情感色彩，激起听众澎湃心潮。这些名言警句往往不是孤立存在的，它们有具体的语境，通常还会有联结在一起的上下文。写文章时恰当地运用，当然也会有具体的方法，如名句过渡，巧妙衔接。例如，海德格尔说过"人应当诗意地栖居"，当飞鸟翱翔于天际，当鲜花盛开于大地，当人们脸上绽放出微笑，诗意便开始在生活中流淌。人应当诗意地生活。诗意地生活，源自人们内心的和谐。季羡林曾说过："真正的和谐是人内心的和谐。"试想，一个内心混浊不堪的人如何能够让生活充满诗意呢？一个人的生活态度往往是其内心的真实反映。

巧妙化用，水乳交融。化用是将前人创造的语句，照原样

言语表达

或稍加改动引用到新的语境中，使其与新的语境融合为一体；或者融会前人意境，用自己的言语重新组织起来，成为文章的有机组成部分。古典诗歌的语言凝练、优美、形象，韵律感强，在议论文中恰当地化用古人的诗句，可使文章具有夺人的魅力。例如，诗意地生活，是李白"仰天大笑出门去，我辈岂是蓬蒿人"的桀骜，是王维既知"都护来燕然"，还有心品玩"大漠孤烟直，长河落日圆"的旷达，还是听凭"云卷云舒"的闲适？不是每个人都可以像诗人一样记录美好的生活，但每个人都有权诗意地生活。作者巧妙地将名句拆开化用，拆而不损，分而有合，在看似轻松的语言游戏中，使语言雅致有韵味，形成语言张力，显示语言功力。将众多诗文的名句巧妙组合，为我所用，毫无堆砌雕琢之嫌，却蕴含丰富，耐人寻味，这是语言运用的一种机敏。

由此可见，正确使用名言警句，可使文章表达质量跨台阶、跃层次，所以平时积累名言警句，写作中有意识运用，形成良好习惯，以此提高文章表达质量，让你的文章熠熠生辉，让读者得到美的享受。在传播过程中，名言警句经历了时间的考验和社会公众的筛选，这就是为什么人们把这些语言材料统称为"引语"的缘故。

第一，公务人员在发言中选用名言警句，不是依据名言警句价值的大小，而是要看是否和他想要表达的内容观点及思想情感具有高度关联。如在竞聘演讲中公务人员首先必须重视演讲，善于演讲，提前构思并写出符合竞聘演讲内容、达到文情并茂要求的演讲稿，才能正确推介自己，也让评委和听众了解自己。在这种情况下如果演讲者善于引用、巧用、妙用、化用名言警句,显然有利于达到这样的目标。

第二,使用名言警句具有一定的技巧性。还是以公务人员的公选竞聘演讲为例,并非所有名言警句都适合公选竞聘演讲,公务人员竞聘演讲是针对特定事项、特定听众,具有特定目的的演讲,一般只能以描述性语言自我陈述。这样,竞聘演讲中引用名言警句,在内容和数量上就要受到一定限制,一些意义深邃、观点鲜明、语言朗朗上口、大众耳熟能详的名言警句,却不大适合用于竞聘演讲。

第三,恰如其分地应用名言警句能够对公务人员的发言起到事半功倍的作用。如在公选竞聘演讲中要善于引用名言警句,这也是由竞聘演讲特点决定的。从竞聘演讲时间上看,一般只有 6~10 分钟,演讲稿的总字数有限,如能恰当地引用名言警句,就能化繁为简、节省时间。从内容上看,公选竞聘演讲需要讲的内容较多,一般要从个人基本情况、本人的竞争优势、如果竞争成功后怎样工作三个方面作介绍,没有充足时间全部用通俗的现实语言讲完,而引用义理高度浓缩、听众又易于理解的名言警句,则能借前贤之语表达自己的所思所想,取得异曲同工的效果。

第四,公务人员使用名言警句的典型案例。在不同的语境中名言警句可以取得传神的运用效果:介绍自己能够以身作则,发挥模范带头作用,可引孔子的名言"其身正,不令而行;其身不正,虽令不从";介绍自己能够正确认识官民(干群)关系,坚持党的群众路线时,可引唐太宗李世民的"水能载舟,

言语表达

亦能覆舟"这一名言；介绍自己懂得团结的重要性，善于共事合作时，可引明儒吕坤的话"举大事，动众情，必协众心而后济。不能尽协者，须以诚意格之，恳言入之，如不格不入，须委曲以求济事"，也可引世俗名言"一个篱笆三个桩，一个好汉三个帮"；介绍自己能够牢记党的宗旨、坚持执政为民时，可引先秦管仲之语"政之所兴，在顺民心；政之所废，在逆民心"；介绍自己能够发扬民主、从善如流、科学决策时，可引魏征之语"兼听则明，偏信则暗"，或明代谢榛说过的"从来治国者，宁不忘渔樵"；介绍自己善于调查研究、了解民情民意时，可引名言"知屋漏者在宇下，知政失者在草野"；介绍自己重视教育、培养人才时，可引宋代胡瑗所说"致天下之治者在人才，成天下之才者在教化"；介绍自己能够依法办事、重视制度建设时，可引唐代周昙的诗句"理国无难似理兵，兵家法令贵遵行"。

第五，公务人员使用名言警句需要具备大量古诗文的知识储备，而这种能力需要在日常生活中积累而成。众所周知，古诗里的名言警句不在少数，通常，学者在对古诗文进行翻译的过程中，警句所处的情境也是一目了然的，方便了对其引用，如形容我们的胸怀，可以想到借物这一方法，即引用"不畏浮云遮望眼，自缘身在最高层"；又如形容色彩浓艳，即可引用"接天莲叶无穷碧，映日荷花别样红"。摘用古诗文里的名言警句最重要的就是熟悉它的情境，当然这也是建立在充足的知识储备的基础之上。

要想灵活、恰当地在演讲中运用好古诗词，需要平时的积累,只有多学习、多记忆才能在演讲时厚积薄发,为自己的演讲增加文采。需要做到以下几点:一是随时搜集好的名言警句。在日常的学习生活中多多阅读,并将阅读过程中看到的好的句子记到本子上,记到心底里,长久地保留下来。二是引用之前先背诵。利用空余的时间,每天背上几句,日积月累,在脑海中形成一个名言警句的"资料库",随时转化利用,当然,为了避免出现错误一定要记清、记准,理解化记忆。三是多向他人学习。鲁迅先生曾经说过:"名人的话并不都是名言,倒是出自田夫野老之口。"许多非常精彩的言论,常常是在言谈交流中得到的。静听他人的智慧之语,往往会有意想不到的收获。

总之,介绍自己优势时只要抓住"匹配"这把钥匙,与人交谈表达自己要抓住"点",在这个过程中有意选用名言警句。不积跬步,无以至千里;不积小流,无以成江海。平时勤于掌握一些名言警句,就能够在海量的名言警句里找到自己需要的那几句。积累与读懂得越多,就越能让你仿佛走进了一个永不枯竭而充满智慧与希望的生命海洋。

第四节 互联网用语的使用效果

网络用语,指出现在互联网上的语言现象中不同于已有语言成分的部分,学界有人称之为网络语言。网络语言是网络中流行的用语,随着网络的日益发展,网络语言越来越能够突破网络的局限,出现在日常生活、工作交流过程中的网络语言对

言语表达

现实社会产生了巨大的影响。但由于网络社会的语言和传统社会的语言存在很大差异,所以网络语言这个术语,还存在很大的争议。网络用语的突出特点是:新词、新语、新用法。所谓新词包括一些单音节词和多音节词。新语是一些网络上流行的话,或者是具有隐语的某些性质的说法。新用法是指已有字、词在网络交际中产生的新的语法、语义变化。

网络用语具有广泛的社会基础和运用范围,具有其独特的语义特征和丰富的语用功能。信息科学技术的进步,推动了网络语言的发展。由于大量网络新用语的存在,引起了学界的高度关注,网络用语具有流通速度快、新鲜度高等特点,还呈现出一定程度的稳定性、表达自己的鲜明性。网络语言因其变化速度快、全民参与性高,与传统用语相比必然具有相对较低的规范性,因此,目前对网络用语的优劣评判尚存争议。但可以肯定的是网络用语走下网络,最终成为言语交际用语的一部分,已经成为一个必然的发展趋势。合理地使用网络用语不仅无损人们的有效交际,同时还可以增强语言的柔性和张力,体现语言的魅力。公务人员不能滥用网络用语,降低其工作的严肃性。中国是一个十分注重礼仪规范的国家,公务人员作为国家工作人员,更要如此。面对网络语言中出现的一些低俗、消极、负面甚至色情等破坏现代思想纯洁性的词汇要善于明辨,坚决拒绝。

网络语言是一种随意、诙谐的语言形式,充满生机。公务人员日常工作中服务对象不同,如果一味地长篇大论,讲规章制度,无法和对象进行"接地气"的沟通,在日常工作中会十分不便。而网络语言的简洁性就很好地解决了这一问题，网络语言交流更加自由，形式不拘泥于刻板、规矩，只要使用几个简单的流行的网络词汇，便能很好地表达出难以理解的意思。网络语言的发展是时代大势所趋，目前正处于发展上升阶段，但是其两面性不可否认。公务人员对于网络语言的正确使用必须遵守两点，一方面，加强自身思想道德建设，坚定意志，加强对于网络语言伦理的学习，树立正确的语言道德观念；另一方面，提高自身沟通技巧，正确判断什么情况可以使用网络语言，怎么使用言语表达技巧。既尊重其存在与发展的客观规律，又有效合理地利用这个规律，使网络语言在为自己所用的同时，加强自身的使用技巧。

互联网语言有其很强的时代特征，在言语表达中用好互联网语言，会增加表达的科技元素和与时俱进的感觉。要充分学习并研究互联网语言发生、发展和消亡的规律，真正了解语言的内涵和原创性、象征性、比喻性和指代性，才能做到得心应手。

互联网语言是伴随着网络技术和生活、工作而产生的，是人们在网络的虚拟世界中创造出来的新语言，其时代性、技术性、时限特征明显，将伴随着网络的拓展应用而产生，随着人工智能及网络技术的升级而消亡。因此，使用互联网语言既要注意时代性，更要注重时限性，不要出现互联网语言已过时而我们还在使用的情况。

后记

言语表达是公务人员职业能力的核心组成部分之一,是公务工作和活动的重要工具。公务人员的语言表达要注重平时的内修与外炼,加强对现行政策的学习和理解,加大个人职业道德、社会公德、家庭美德的学习与实践,不断提升职业价值、职业素养,把提高文化修养与提升职业能力融为一体,形成终身的学习计划和持之以恒的学习习惯。

公务人员的言语表达具有鲜明的职业特点和时代特征,严谨、准确、亲切、简练、诚信是核心要素。本书从应用角度收集、整理了大量资料,围绕公务人员日常工作需求,把职业心理学、美学、哲学、语言学及公共服务等知识融入书中,力求给读者带来深度阅读与应用思考、提升学习与实践的感悟、认知与感知的沉淀能力。

公务人员的言语表达是技术也是艺术,在内修外炼中既要注重言语的修辞表达,更要深度研究言语表达的思想性、艺术性和感染性。言语表达的成功案例告诉我们,提升"三观"是基础,提高驾驭言语能力是重点,丰富言语表达的内涵是沟通力,熟练掌握政策是关键。实践证明,练好言语表达的基本功是做好各项工作的前提,因此,不断学习和掌握并提升言语表

后记

达能力是公务人员永恒的主题。

本书编写过程中，刘洋、刘昌丹、孟凡艺、陈跻峰、崔纯、吴秋丽、李琳等同志帮助我做了大量收集、整理、核校工作。其中刘昌丹负责绪论及第二章中的第一、二、三、六、七节的资料收集和整理，刘洋负责第二章中的第四、五、八、九、十、十一节的资料收集和整理，孟凡艺负责第三章、第四章的资料收集和辅助写作，陈跻峰、李琳负责第二章的核校和资料汇总工作，吴秋丽负责第二章中第十二节的资料收集和整理，崔纯负责第五章的资料收集和整理。孟庆东教授在结构设计和应用价值方面给予了指导和帮助。

编写过程中，吉林省人力资本应用研究院、沈阳大学、沈阳农业大学职业能力研究所、中国沈阳人才市场、沈阳市人力资源和社会保障局的领导和同志给予了大力支持和帮助。

由于编者水平所限，时间仓促，书中难免存在不足之处，敬请读者指正！